kiwilimón

LOS MEJORES
POSTRES

paso a paso

AGUILAR

El papel utilizado para la impresión de este libro ha sido fabricado a partir de madera
procedente de bosques y plantaciones gestionadas con los más altos estándares ambientales,
garantizando una explotación de los recursos sostenible con el medio ambiente y beneficiosa para las personas.

kiwilimón
Los mejores postres paso a paso

Primera edición: octubre, 2022

D. R. © 2022, kiwilimón

D. R. © 2022, derechos de edición mundiales en lengua castellana:
Penguin Random House Grupo Editorial, S. A. de C. V.
Blvd. Miguel de Cervantes Saavedra núm. 301, 1er piso,
colonia Granada, alcaldía Miguel Hidalgo, C. P. 11520,
Ciudad de México

penguinlibros.com

Philippe Brun, CEO kiwilimón
Shadia Asencio, dirección editorial kiwilimón
Yamilette González, Mayte Rueda, Brenda Villagomez, Alexandra Romero, cocina y estilismo kiwilimón
Fernanda Balmaceda, Eloísa Carmona, Gretel Chávez, redacción kiwilimón
Luis Hernández, Iván Morell, Gustavo López, Laura Sánchez, Leysi Rodríguez, Daniela Lara, Lizbeth Mesa,
fotografía, producción y retoque kiwilimón
Amalia Ángeles, Inés Miselem, diseño de interiores
Andrea Salcedo, directora literaria Penguin Random House
Ana María Bermúdez, edición Penguin Random House
Diana Sánchez, edición técnica Penguin Random House

ISBN: 978-607-382-110-0

Impreso en México – *Printed in Mexico*

kiwilimón
LOS MEJORES
POSTRES
paso a paso

AGUILAR

Índice

Prólogo

E l dulce es la infancia, dice Carlos Zolla en su *Elogio del dulce*. Ese, uno de los cinco sabores, es un juego, un tobogán de colores que inevitablemente nos catapulta al tiempo donde aprender era lo mismo que divertirse. La primera cucharada nos lo entrega casi todo: los recuerdos, las palabras, los gestos; el resto es gula, pero hasta el descorazonado lo goza: lo dulce nos compone lírica en la boca. Cuando tiene texturas y temperaturas, cuando el dulce se hermana con otros sabores, entonces se convierte en sonata, en danzón, en chachachá.

Quizá su función no sea la de alimentarnos; quizá rebase por kilómetros las necesidades bioquímicas del cuerpo. A quién le importa. El postre es menos ética que estética. La belleza que aporta a la hora de la comida no necesita comprensión. En cambio, demanda atención. Su complejidad sensorial y técnica pide conciencia para gozar las partes: la corteza, el relleno, lo de en medio, lo innombrable.

Esta construcción de ingredientes tan improbable no nos llegó a América en una carabela, apilada en un recetario de la vieja Europa. En México el postre ya existía en forma de frutas cristalizadas, calabazas cocidas y endulzadas y hasta granos de maíz cubiertos con miel, documentado por Bernal Díaz del Castillo. Lo que llegó de lejos fueron las cañas de azúcar, las técnicas y las recetas por explorar.

Los conventos mexicanos se llenaron de mestizaje con aroma a mantequilla; pecaditos para ser devorados después de portarse bien, porque la comida dulce es tan pecaminosa como estimulante.

Al postre sólo se llega si se desaparecieron las verduras del plato; es la medalla para quien comió prolijamente. Y aunque premia casi como un juguete, su confección requiere adultez: dosis de paciencia, de estructura, de contar gramajes y de sopesar posibilidades; casi lo contrario a jugar. Las historias de galletas duras como mármol, pasteles desahuciados, maremotos de gelatinas que no amalgamaron llenan las bitácoras de quienes se aventuraron a elaborar recetas dulces sin guía.

No importa el tamaño de la decepción, siempre lo volveremos a intentar porque lo dulce alimenta más al alma que al espíritu. Su sabor desafía las reglas: las de la nutrición, las culturales e incluso las de la física elemental —aun si estamos satisfechos, siempre queda el espacio cuántico para el guiño dulce—. Los postres son el anexo de la gastronomía, su capítulo más caprichoso. Precisamente, en este libro reunimos nueve de ellos para que las opciones no falten, para que ni un antojo se

quede trunco, para que la sustancia del capricho tome forma, sabiendo que cada uno sale, y sale rico.

Lo que encontrarás en *kiwilimón: los mejores postres paso a paso* es una herramienta que te ayudará a jugar, a ser niño, aun mientras examinas gramajes. Creemos que es fácil de usar porque medimos en cucharadas y en tazas; lo mismo que en gramos, mililitros y kilos. Su función es hacerte la vida más fácil, no complicarla. Cada una de las 66 recetas aquí reunidas está comprobada. En ellas no hay trucos, verdades a medias o secretos familiares sin revelar. Las escogimos de entre las mejores de nuestro sitio kiwilimon.com:

las más exitosas, las más entrañables, las que nos decían "ven" con tan sólo imaginarlas.

Y si estás listo, comienza el recorrido aquí, con las reglas, con apretarse el mandil y sujetarte al volante. Como lo dice el título de nuestro segundo libro de cocina, las recetas están explicadas paso a paso de forma que el viaje sea amable; un vuelco entre nubes de azúcar, paradas para limpiar la harina de la mesa y futuros recuerdos que vislumbran abrazos, besos, carcajadas. Porque a eso sabe lo dulce, el amor y la infancia: a una rebanada de postre.

Shadia Asencio
Directora editorial

Introducción

Elegir un postre es cosa del impulso. La petición es resultado de lo que seduce al ojo, lo que despierta ese deseo arbitrario proveniente del recuerdo, de la asociación mental y la expresión de los sentidos. Superado ese paso, hay que involucrar al cerebro y analizar la logística: reflexionar sobre los tiempos de preparación, los aditamentos, los ingredientes y las cantidades. No se vale dejar la mezcla a medio hacer. Ya sabes, en los postres y en el amor, los procesos y el orden de los factores altera el producto.

La elección de los ingredientes importa, y mucho. La calidad de cada insumo se reflejará en el resultado final. Lo sentirás en la consistencia del panqué, en el sabor de las natillas y cremas. Entendemos que la lógica cambia cuando estás preparando postres para vender. Sea como sea, es recomendable echar lupa a las etiquetas y comparar productos. Si los guardas en la alacena, revisa su vigencia porque un ingrediente caduco podría enfermar a alguien y un postre debería ser sinónimo de placer, no de retortijones.

Saca tus bowls, charolas, palas y los utensilios que vayas a utilizar en la elaboración de la receta —y sí, quizá requieras encontrar un espacio provisional para las

ollas y sartenes que guardas en el horno—. Prevé lo más que puedas. "Dejar lista la *prep*", dicen los chefs.

¿Te ha pasado que, por las prisas, te saltas un paso? Para evitarlo lo mejor es leer varias veces el procedimiento antes de comenzar. Repásalo y haz anotaciones. Enseguida sólo queda invitar a la paciencia, a los cinco sentidos y a la intuición para improvisar cuando sientas que algo no está saliendo como debería. Con el alma dispuesta, el mandil amarrado y los ingredientes en la mesa, ¡es momento de cocinar!

Los consejos básicos de kiwilimón

SOBRE LA ALTURA, LA TEMPERATURA Y LA HUMEDAD

No es lo mismo hornear a la altura del mar que a la de la montaña. Los factores ambientales juegan un papel vital en la confección de los postres y panes. Lo que sucede es que demasiada humedad o variaciones en la temperatura pueden afectar tu mezcla o masa de manera que no levante, no infle, se ponche o se derrita.

En los panes o bizcochos pasa todo el tiempo. La presión atmosférica es la responsable de que, aun con polvo para hornear, algunos no levanten o no generen la costra en la consistencia requerida. De ahí, por ejemplo, que los birotes sólo se consigan en Jalisco, México. Tenlo en cuenta antes de decantarte por una receta en particular. Para evitarte conflictos, te compartimos una tabla de alturas para que realices las adaptaciones pertinentes en tu receta.

+ / -	Ingrediente	3000 pies	5000 pies	7500 pies	10000 pies
	harina	2%	4%	10%	20%
	huevos	5%	10%	15%	20%
	líquidos	7%	15%	22%	30%
	polvo p/hornear	20%	40%	60%	80%
	azúcar	3%	6%	10%	12%
	grasa	0%	0%	10%	15%

EL REFRI

De preferencia, no te saltes la refrigeración o congelación de tus recetas porque ese paso le otorga consistencia a tus preparaciones y amalgama los ingredientes. No olvides dejar libre un espacio lo suficientemente grande para que quepa tu charola o molde. Si colocas las gelatinas y flanes encima de todo, podrían quedar con cierta inclinación.

Adicionalmente cuida que los alimentos dentro estén bien almacenados y cerrados para evitar que los postres —especialmente los que llevan lácteos—, absorban olores y sabores.

LOS PAPELES, ALUMINIOS Y PLÁSTICOS

Los papeles envolventes que te proponemos usar en la confección de cada postre tienen la función de mantener la humedad en tu preparación, hacer que no se pegue, no se seque o, incluso, junto con otros factores, hacer posible el proceso de fermentación. Mejor no olvidarlos en tu próxima lista del súper.

LA BATIDORA

Dominar el arte de batir los ingredientes para lograr diferentes terminados es fundamental. Es importante utilizar el aditamento correcto para cada una de tus preparaciones: usa la pala para panqués, galletas o mezclas ligeras; el globo, para integrar aire en merengues o mousses; el gancho, para las masas, especialmente las de pan.

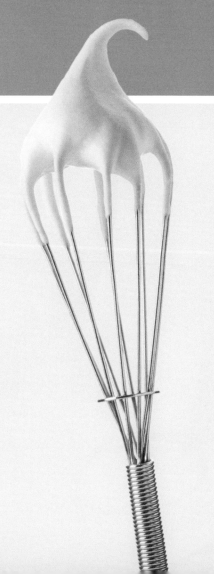

1

2

3

4

PUNTOS DE BATIDO

Cada masa requiere alcanzar una textura particular que al final le dará firmeza o suavidad al postre. Estas son algunas de ellas:

1. Punto de hilo: este punto se consigue cuando al batir la mezcla y dejarla caer, desciende en forma de hilo, pues no gotea. También se le conoce como punto de cordón. Los jarabes requieren este punto de batido.

2. Punto de letra: este punto se logra cuando la mezcla ha incrementado su volumen, se ven pequeñas burbujas en la superficie y se puede formar una letra con la mezcla usando una pala. Lo necesitarás en bizcochos que requieras cubrir con algo pesado, como un fondant.

3. Punto de turrón: distinguir este punto es muy fácil. Lo conseguirás cuando las claras adquieran un tono opaco y se mantengan firmes al voltear el tazón. Esta técnica te será útil al capear o cuando tu receta te pida integrar una mezcla ligera a una más pesada, como en el caso del brazo gitano.

4. Punto de nieve: para obtener esta textura deberás batir las claras hasta que la mezcla obtenga una consistencia firme, pero espumosa, y hasta que su color sea similar al de la nieve. A diferencia de la de turrón, no debe estar completamente firme, sino un poco más aireada. Úsala para cheesecakes o pancakes japoneses.

¿USAR BATIDORA O BATIDOR DE GLOBO?

La repostería requiere de precisión, técnica y paciencia, por lo que lo más recomendable es emplear una batidora eléctrica. Por otro lado, puedes utilizar un batidor globo —o hasta un tenedor— en caso de que sólo requieras incorporar los ingredientes, pero sin necesidad de batir.

EL HORNO

Hornear se nos presenta como una tarea complicada muchas veces, entre encender y precalentar el horno, atinarle a la temperatura y saber cuándo sacar nuestro postre. Todo esto nos hace preferir los postres sin horno.

Sin embargo, es cuestión de atreverse y tener un poco de guía. Primero tienes que identificar qué tipo de horno tienes. El más común es el de gas, que suele estar integrado a las estufas. En este tipo de hornos, el calor se irradia hacia arriba y empuja el aire frío hacia abajo, lo que puede provocar una cocción u horneado desigual.

El segundo más conocido es el horno de microondas, que todos tenemos en casa, y usamos para calentar y descongelar. Éste funciona por medio de ondas de radio y con la receta adecuada, también puedes cocinar pastelitos y hasta flanes en él.

En tercer lugar tenemos los hornos de convección, los cuales cocinan los alimentos de manera un poco diferente. En ellos hay un ventilador que hace que el aire caliente circule y haya una cocción más uniforme. Esto también da como resultado un calentamiento más rápido y un menor consumo de energía. Por ello, el tiempo de cocción puede ser un poco diferente del de un horno convencional.

En cuanto a temperaturas, precalentar el horno sí es importante, pero por lo general sólo necesitas hacerlo hasta que alcances la temperatura que tu receta requiere, y esto toma de 15 a 20 minutos, dependiendo del horno y la temperatura deseada.

Cuando horneamos postres que implican un proceso de levadura, como panes y pasteles, estos se

expanden más rápidamente si estamos a mayor altitud; por su parte, las galletas a menudo pueden extenderse demasiado durante el horneado a gran altura, debido a los altos niveles de azúcar y grasa en la masa para galletas.

Una regla general al hornear es que cuanto más grande sea el molde, menor será la temperatura y mayor el tiempo de horneado. En general, un bizcocho para pastel se hornea a 180 °C en un molde regular.

LOS MOLDES

Los moldes les dan forma y juego a nuestras preparaciones dulces. Existe una variedad infinita de modelos y materiales. Aunque todos funcionan, lo ideal es utilizar los de silicón para las gelatinas, pues además de hacer fácil el delicado arte de desmoldar, les aportarán brillo.

En el caso de los pasteles, te sugerimos usar moldes de aluminio forrados con papel para horno. Esto hará que no pierdas un trozo de bizcocho a la hora de sacarlo. En el caso de los panqués, opta por un molde metálico y grueso, ya que al llevar una cocción larga, su grosor evitará que el pan se queme.

LA HARINA

La harina es el alma de los panes y pasteles. La gran mayoría de las opciones en el supermercado contienen gluten, como es el caso de las de trigo, de arroz, de centeno o de maíz. Para las personas veganas o que llevan una alimentación celiaca, existen opciones sin gluten como las de almendras, de garbanzo, de coco y hasta las elaboradas a partir de frutos secos.

Si estás haciendo un postre común y corriente como un panqué o una tarta, se recomienda utilizar harina de calidad fina. Para los panes es mejor recurrir a las harinas de fuerza, las cuales tienen un alto porcentaje de proteína. Esta característica hace posible que, tras amasar, se forme el gluten requerido para formar unos hermosos alveolos en la miga. Se considera una harina de fuerza a aquella que contiene 11 gramos de proteína o superior. Consíguela en los depósitos de pastelería o panaderías especializadas.

LA IMPORTANCIA DE CERNIR

El tamizado no es opcional. El pequeño proceso de pasar la harina por un colador logrará separar aquellos pedazos que por humedad se pudieron unir. Al tamizar la mezcla te saldrá uniforme, sin grumos y más esponjosa. Para cernir se requiere un colador o tamiz, el cual se golpea hasta decantar las bolitas o grumos de polvo que podrían terminar en tu mezcla.

Algunos de los ingredientes que requieren ser tamizados son el azúcar, el azúcar glas, las harinas, el polvo para hornear, la cocoa en polvo, el bicarbonato y la sal. Con que los ciernas una vez, bastará. Sin embargo, existen ocasiones en las que deberás repetir el proceso si observas que el polvo en cuestión tiene exceso de humedad, por ejemplo, como sucede en la harina de almendras.

Y como las excepciones son el pan de cada día, olvídate de tamizar cuando estés preparando uno de ellos. En el caso de los panes, los ingredientes van directo a tu mesa de trabajo pues lo importante es el amasado.

¿CUÁNDO USAR POLVO PARA HORNEAR O BICARBONATO?

El polvo para hornear y el bicarbonato son agentes leudantes, o sea que tienen la capacidad de generar gas y ayudar a que tu masa crezca y quede esponjocita. Bianca Castro-Cerio, repostera de Mexicali, asegura que en sus pasteles utiliza polvo para hornear para dar volumen y bicarbonato para dar estabilidad.

Otra diferencia es que el bicarbonato de sodio es más potente que el polvo para hornear y se activa al ponerse junto a un líquido y a un ácido. Eso sí, hay que hornear de inmediato para no perder esponjosidad y que se neutralice la acidez de la masa.

Por su parte, el polvo para hornear es una mezcla de bicarbonato con un ingrediente ácido en polvo. Suele ser más usado en masas neutras y su acción leudante no depende únicamente del contacto con el líquido de la preparación, sino también del calor.

CONOCE SOBRE LEVADURAS

En la panadería, la fermentación es el proceso en el que la magia sucede gracias a las levaduras: esos pequeños microorganismos que al multiplicarse y alimentarse de azúcares producen gas, alcohol y otras sustancias químicas que son el alma de un buen pan.

Las más usadas son las siguientes:

Levaduras instantáneas: se obtienen de fuentes naturales y son procesadas industrialmente para deshidratarlas y ofrecerlas secas o en polvo. Tienen larga vida en anaquel y no necesitan hidratarse para ser mezcladas con otros ingredientes. Éstas se añaden al pan y tienen menor tiempo de espera para lograr el volumen deseado.

Levaduras frescas: integran harina, agua y levaduras. Tienen menor vida que las instantáneas. Se desarrollan al habitar un ambiente propicio de humedad, alimento y temperatura, de modo que sobrevivan y hagan su trabajo de fermentación.

La clave para obtener un pan memorable dependerá de su fermentación. Como buen alquimista, administra con cuidado este proceso y equilibra la temperatura, el tiempo, el tipo y la cantidad de levadura, la harina y el nivel de hidratación (cantidad de agua que se usa en la masa). Es importante dejarla el tiempo exacto para que no se te agrie la mezcla, pero adquiera la acidez característica que aportan las bacterias y enzimas al degradarse. ¡Así se logra el pan perfecto!

MIDE COMO CIENTÍFICO

Elaborar postres es un juego para adultos —y claro, también de niños, supervisados por adultos—. Asegúrate de que la taza, la cucharada y la cucharadita con las que vayas a pesar tus insumos tengan el volumen correcto. No tiene la misma capacidad la taza de cristal cortado, herencia de tu tía abuela, que la de tu recuerdo de Acapulco. Evita errores y, en cambio, elige una taza de medición, o mejor aún, una báscula.

Con tus ingredientes secos, nada de copetear. Ese "poco" podría causar que todos los esfuerzos volcados en tu postre se estropeen.

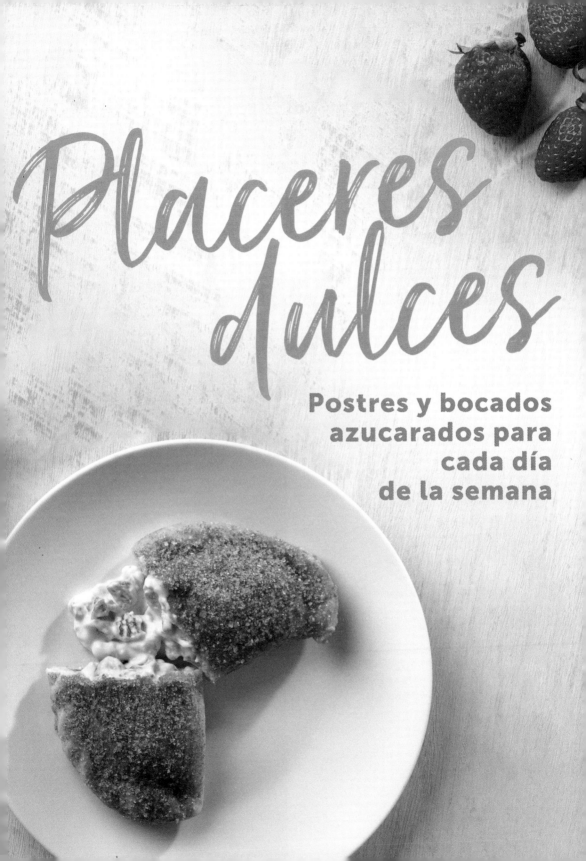

Placeres dulces

Postres y bocados azucarados para cada día de la semana

MOUSSE DE CHOCOLATE FÁCIL

🕐 35 min
👤 4 porciones
☆ Dificultad baja

INGREDIENTES

2 tazas de chocolate oscuro
en barra (340 g)
1 taza de agua (250 ml)

Para decorar
Crema batida
Chocolate rallado

Para espesar
Hielo

PREPARACIÓN

1. Corta el chocolate en trozos pequeños.
2. Coloca el agua y el chocolate en una olla y calienta a fuego bajo sin dejar de batir, hasta que el chocolate se derrita.
3. Coloca suficientes hielos en un tazón y pon encima la olla con el chocolate. Bate con un batidor de globo hasta que la mezcla se espese. Una vez que obtengas la consistencia de un mousse, sirve y decora con crema batida y chocolate rallado.

EMPANADAS DE FRESAS CON CREMA

⏱ 2 h 5 min
👤 8 porciones
☆ Dificultad baja

INGREDIENTES

Para la masa

4 tazas de harina (500 g)

1½ tazas de manteca vegetal en cubos (225 g)

⅔ taza de refresco de cola (150 ml)

Harina, para extender la masa

Para el relleno

1 taza de crema ácida (225 g)

¾ taza de queso crema (142 g)

½ taza de leche condensada (187 g)

1 cda. de fécula de maíz, previamente cernida (4 g)

2 tazas de fresas en cubos medianos (360 g)

Para decorar

½ taza de azúcar (100 g)

1 cda. de canela en polvo (10 g)

PREPARACIÓN

1. Para la masa, cierne la harina, agrega la manteca y mezcla los ingredientes con tus manos hasta integrarlos bien y conseguir una textura arenosa.

2. Vierte el refresco de cola en la mezcla anterior e integra con una espátula de silicón o cuchara. Deberás obtener una mezcla compacta.

3. Amasa la mezcla de 10 a 15 minutos hasta conseguir una masa lisa y que, al momento de hundir tu dedo, no se retraiga. Tapa con un trapo limpio y deja reposar por 30 minutos.

4. Para el relleno, mezcla la crema ácida con el queso crema, la leche condensada y la fécula de maíz hasta integrar por completo. Agrega las fresas e integra. Reserva en refrigeración.

5. Precalienta el horno a 180 °C.

6. Extiende la masa con un rodillo sobre una superficie enharinada hasta que tenga 3 mm de grosor. Después corta círculos con un vaso o molde redondo y retira el exceso de masa.

7. Rellena cada círculo con la mezcla de fresas y después ciérralos doblando por la mitad. Asegura la orilla presionando con un tenedor o pellizca la masa con los dedos.

8. Coloca las empanadas en una charola previamente engrasada y enharinada, y hornea a 180 °C por 25 minutos; recuerda que no es necesario barnizarlas con huevo. Retira del horno una vez que obtengan un tono doradito.

9. Mezcla el azúcar con la canela en polvo y cubre las empanadas con esta mezcla mientras aún estén calientes. Deja enfriar y disfruta.

BANDERILLAS DE PLÁTANO

⏲ 30 min
👤 8 porciones
☆ Dificultad baja

INGREDIENTES

2 tazas de harina para
hot cakes (310 g)

2 huevos

2 cdas. de mantequilla
derretida (30 ml)

3 cdas. de azúcar (36 g)

¾ taza de leche (175 ml)

8 plátanos dominicos

8 palitos de madera
para paleta

Aceite vegetal, para freir

Para decorar

Chocolate semiamargo
derretido

Granillo de colores

PREPARACIÓN

1. Mezcla la harina de hot cakes con los huevos,
   la mantequilla derretida, el azúcar y la leche.
   Bate hasta obtener una mezcla homogénea.
2. Pela los plátanos e inserta un palito de paleta
   en cada uno.
3. Calienta el aceite a fuego medio.
4. Sumerge los plátanos en la mezcla de hot cakes,
   retira el exceso y fríe por 5 minutos o hasta que
   cambien de color. Después, colócalos sobre papel
   absorbente para retirar el exceso de aceite.
5. Decora con chocolate derretido
   y granillo de colores.

DONAS DE CHOCOLATE CON TOCINO

⏱ 35 min
👤 15 porciones
☆ Dificultad media

INGREDIENTES

Para la masa
3½ tazas de harina (435 g)
1 cda. de levadura (11g)
1 cdta. de sal (6 g)
1 taza de azúcar mascabado (180 g)
¼ taza de leche (60 g)
4 huevos
1 taza de chocolate amargo (170 g)
Aceite vegetal, para freír las donas

Para el glaseado
2 tazas de azúcar glas (280 g)
½ taza de miel de maple (162 g)

Para decorar
10 rebanadas de tocino
Suficiente chocolate amargo
en trozos pequeños

PREPARACIÓN

1. Mezcla la harina con la levadura, la sal y el azúcar en un tazón; luego agrega la leche y los huevos hasta incorporar bien los ingredientes. Por último, agrega el chocolate en trozos pequeños.

2. Pasa la mezcla a un recipiente engrasado, cubre con plástico adherente y deja que la masa repose por una hora o hasta que doble su tamaño; después pónchala y estírala hasta alcanzar un grosor de 1.5 cm.

3. Corta las donas y deja reposar nuevamente por 15 minutos o hasta que doblen su tamaño.

4. Calienta suficiente aceite vegetal en una olla a temperatura media para freír las donas. Recuerda que las donas deben sumergirse por completo. Fríelas por alrededor de 5 minutos y después escurre el exceso de aceite sobre papel absorbente.

5. Calienta un sartén a temperatura media y fríe las rebanadas de tocino hasta obtener un color dorado. Corta el tocino en trozos una vez que se enfríe.

6. Para el glaseado, mezcla el azúcar glas y la miel de maple hasta obtener una consistencia semiespesa.

7. Una vez que se enfríen las donas, glaséalas con la preparación anterior y agrega los trozos de tocino y el chocolate amargo.

CAPIROTADA DE LA ABUELA

⏱ 50 min
👤 4 porciones
☆ Dificultad baja

INGREDIENTES

Para el jarabe

½ taza de agua (125 ml)

1½ piezas de piloncillo
en cono (300 g)

½ raja de canela

2 clavos de olor

2 cdas. de ralladura de naranja

1 taza de jugo de naranja (250 ml)

Para la capirotada

¼ taza de mantequilla
para freír el pan (60 g)

6 bolillos duros en rebanadas
de 1-2 cm de grosor

½ taza de nueces tostadas
y troceadas (50 g)

½ taza de cacahuate sin sal,
tostado y en mitades (72 g)

½ taza de coco rallado (50 g)

½ taza pasas (75 g)

1¼ tazas de queso cotija
desmoronado (156 g)

PREPARACIÓN

1. Precalienta el horno a 180 °C.
2. Para el jarabe de piloncillo, en una olla calienta el agua con el piloncillo, la canela, el clavo de olor, la ralladura de naranja y el jugo de naranja a fuego medio hasta obtener un jarabe espeso.
3. Derrite la mantequilla en un sartén y fríe las rebanadas de pan por ambos lados hasta dorar.
4. Coloca el pan sobre un refractario; baña con el jarabe de piloncillo y agrega el cacahuate, las nueces, las pasas, el coco rallado y el queso cotija. Repite el proceso hasta llenarlo.
5. Hornea de 15 a 20 minutos, retira del horno y deja enfriar. Sirve con más jarabe de piloncillo.

GORDITAS DE NATA CON CHOCOLATE DE MESA

⏱ 45 min
👤 4 porciones
☆ Dificultad baja

INGREDIENTES

2 tazas de harina (250 g)
3 tablillas de chocolate de mesa (270 g)
1 cda. de polvo para hornear (13 g)
1 pizca de sal
2 huevos (120 g)
1½ tazas de nata (375 g)
Harina, para extender la masa

PREPARACIÓN

1. En un recipiente hondo, ralla las tablillas de chocolate con un rallador de queso y mezcla con la harina. Posteriormente, agrega el polvo para hornear, la sal, los huevos uno por uno, la nata y mezcla hasta integrar.

2. Coloca la masa en un bowl, tapa con plástico adherente y deja reposar en refrigeración por 20 minutos.

3. Una vez que la masa haya reposado, colócala en una superficie enharinada, amasa hasta formar una bola uniforme y extiende con un rodillo hasta alcanzar un grosor de medio centímetro. Enharina un cortador de 5 cm de diámetro y corta las gorditas.

4. Cocina las gorditas en un comal a fuego bajo por 5 minutos de cada lado. Sirve calientitas.

ARROZ CON LECHE CREMOSITO

⏱ 1 h 5 min
👤 6 porciones
☆ Dificultad baja

INGREDIENTES

2 tazas de agua (500 ml)
1 taza de arroz (175 g)
1½ tazas de leche evaporada (360 g)
1 taza de leche condensada (375 g)
1 raja de canela
Ralladura de limón
Canela en polvo

PREPARACIÓN

1. Cuece el arroz con agua y una vez que suelte el hervor, baja la flama y deja cocinar hasta que el líquido se evapore casi por completo.
2. Añade la leche evaporada, la leche condensada, la canela y la ralladura de limón, y cocina el arroz hasta que espese.
3. Deja enfriar, sirve y espolvorea con canela.

PAY DE MANZANA FRÍO

- ⏱ 30 min
- 👤 6 porciones
- ☆ Dificultad baja

INGREDIENTES

Para la compota

4 manzanas sin cáscara y en cuartos

¼ taza de azúcar morena (45 g)

2 piezas de anís estrella

1 cda. de jugo de limón (15 ml)

1 cdta. de canela en polvo (4 g)

8 galletas de avena (150 g)

Para el relleno

2 tazas de queso doble crema (400 g)

¾ taza de azúcar glas (105 g)

2 cdas. de esencia de vainilla (30 ml)

Para decorar

Manzanas

Polvo de galleta

PREPARACIÓN

1. Cocina las manzanas con el azúcar, el anís, el jugo de limón y la canela en una olla a fuego bajo. Apaga la flama cuando las manzanas estén suaves. Deja enfriar y reserva.

2. Coloca las galletas en una bolsa resellable y golpea con un rodillo hasta obtener trozos pequeños. Reserva.

3. Bate el queso doble crema con el azúcar glas y la esencia de vainilla.

4. Sirve un poco de las galletas en un vaso, luego añade la compota de manzana y la mezcla de queso. Repite el proceso hasta llenar. Finalmente, decora con manzanas y el polvo de galleta.

GAZPACHO MORELIANO

⏱ 25 min
👤 4 porciones
☆ Dificultad baja

INGREDIENTES

1 piña
3 mangos
1 jícama sin cáscara
Sal
¼ taza de jugo de limón (62 ml)
2 tazas de jugo de naranja (500 ml)
Queso Cotija desmoronado
Chile en polvo
Salsa picante

PREPARACIÓN

1. Pela la piña, corta por la mitad, rebana en cubos medianos y reserva. Repite este proceso con el mango y la jícama.
2. Mezcla las frutas picadas en un bowl, agrega sal y jugo de limón e incorpora.
3. Llena un vaso pequeño con la fruta hasta la mitad, después añade queso cotija desmoronado y chile en polvo al gusto. Agrega más fruta hasta llenar el vaso y vierte el jugo de naranja.
4. Añade más queso cotija, chile en polvo y salsa picante al gusto.

Sin horno, sin batidora

Antojos fáciles y económicos que te sacan del apuro

PASTEL DE CHOCOLATE CON CREPAS

⏱ 1 h
👤 8 porciones
☆ Dificultad media

INGREDIENTES

Para las crepas

2 tazas de leche (500 ml)

1 taza de harina (125 g)

¼ taza de mantequilla fundida (62 ml)

2 huevos (120 g)

3 cdas. de azúcar (36 g)

1 cdta. de esencia de vainilla (5 g)

1 cdta. de canela en polvo (4 g)

Para el relleno

3 tazas de crema para batir (750 ml)

¼ taza de cocoa (23 g)

¼ taza de azúcar glas (35 g)

Para la cobertura

2 tazas de chocolate oscuro (340 g)

½ taza de mantequilla fundida (125 ml)

½ taza crema para batir (125 ml)

1 taza de cocoa (95 g)

Para decorar

Trufas

Cocoa

PREPARACIÓN

1. Integra todos los ingredientes de las crepas hasta formar una mezcla homogénea.

2. Calienta un sartén a fuego medio y cocina crepas hasta conseguir el número suficiente para las capas del pastel. Reserva.

3. Bate enérgicamente la crema con un batidor globo hasta que doble su volumen; luego agrega la cocoa y el azúcar glas, y bate hasta conseguir una mezcla homogénea.

4. En un bowl mezcla el chocolate oscuro con la mantequilla y la crema para batir. Luego funde a baño María.

5. En una charola coloca una crepa de base, unta una capa de crema batida de chocolate y repite hasta formar varias capas.

6. Coloca el pastel de crepas sobre una rejilla y una charola, cubre con la ganache de chocolate y empareja. Refrigera hasta que la cobertura esté fría.

7. Coloca las trufas de decoración y espolvorea todo el pastel con cocoa hasta cubrirlo completamente.

VOLTEADO DE PIÑA A BAÑO MARÍA

⏱ 2 h 15 min
👤 8 porciones
☆ Dificultad media

INGREDIENTES

Para el caramelo
1 taza de azúcar (200 g)

Para el bizcocho
6 rebanadas de piña en almíbar, sin almíbar
¼ taza de cereza en almíbar (sin almíbar y sin rabo, 55 g)
1⅛ tazas de mantequilla suave y en cubos (230 g)
¼ taza de azúcar (50 g)
6 huevos (360 g)
1 cda. de esencia de vainilla (15 ml)
1 taza de leche condensada (375 ml)
3 tazas de harina (375 g)
1 cdta. de polvo para hornear (4 g)

PREPARACIÓN

1. Para el caramelo, en un sartén de acero inoxidable o antiadherente, funde el azúcar a fuego medio bajo hasta que comience a tener un tono brillante y oscuro. Mueve el sartén constantemente para evitar que se queme o que el color no sea uniforme. Una vez que obtengas el caramelo, retira el sartén del fuego.

2. Vierte el caramelo caliente en un molde redondo de 25 cm de diámetro con papel encerado apto para hornear en el fondo. Procura cubrir toda la superficie con el caramelo.

3. Coloca una rebanada de piña entera en el centro y mitades de piña rodeándola, de manera que formes un rehilete. Cubre los huecos con cerezas en almíbar.

4. Para el bizcocho, en un tazón mezcla con un batidor globo la mantequilla con el azúcar de manera enérgica hasta obtener una consistencia cremosa. Deja de batir, agrega los huevos y la esencia de vainilla, e incorpora con el batidor globo con la misma fuerza y velocidad.

5. Integra poco a poco la leche condensada en forma de hilo y sin dejar de batir. Cuando veas los ingredientes integrados, añade la harina y el polvo para hornear con un cernidor y bate por 6 minutos más.

6. Vierte la mezcla en el molde y tapa con papel aluminio. Cocina a baño María en la estufa por 2 horas a fuego medio alto. Tapa perfectamente; recuerda que la olla siempre deberá tener suficiente agua.

7. Una vez pasado el tiempo de cocción, desmolda cuando todavía se encuentre un poco tibio para evitar que el azúcar se endurezca y tu volteado de piña se pegue. Sirve frío.

CARLOTA DE GUAYABA FÁCIL

🕐 3 h 25 min
👤 10 porciones
☆ Dificultad baja

INGREDIENTES

Para la carlota

3 paquetes de queso crema (570 g)
1 taza de leche condensada (375 g)
1 taza de guayabas sin hueso (200 g)
Suficientes galletas Marías

Para el espejo

2 sobres de grenetina hidratada
y fundida (14 g; 1 sobre = 7 g)
1½ tazas de dulce de guayaba (300 g)

Para decorar

Guayabas
Limón en rodajas
Mermelada de fresa o
brillo de chabacano

PREPARACIÓN

1. Licúa el queso crema, las guayabas, la leche condensada y un sobre de grenetina. Reserva.

2. Sobre un aro de 20 cm de diámetro, acomoda las galletas para formar una base, luego vierte un poco de la crema de guayaba y cubre con más galletas. Repite el proceso hasta llenar el aro y refrigera por 2 horas o hasta que esté firme.

3. Para el espejo, mezcla 1½ tazas de dulce de guayaba con el resto de la grenetina hidratada. Vierte la preparación sobre la carlota ya firme y refrigera nuevamente hasta que esté sólida.

4. Desmolda la carlota y decora con guayabas, limones y barniza con mermelada o brillo de chabacano.

BUÑUELOS CON CAJETA

- ⏱ 28 min
- 👤 2 porciones
- ☆ Dificultad baja

INGREDIENTES

Para los buñuelos
Suficiente aceite vegetal para freír
10 tortillas de harina

Para la miel
1 cono de piloncillo (200 g)
¼ taza de agua (60 g)
1 raja de canela
2 piezas de anís estrella
3 guayabas rebanadas (180 g)

Para el relleno
1 taza de queso crema (190 g)
1 taza de cajeta (370 g)

Para decorar
Crema batida
Guayaba en mitades
Canela

PREPARACIÓN

1. Fríe las tortillas de harina en un sartén a fuego bajo hasta que estén crujientes. Coloca en papel absorbente para retirar el exceso de grasa. Reserva.

2. Para la miel, calienta en una ollita a fuego medio el piloncillo con el agua, la canela, el anís estrella y las guayabas. Cocina hasta que se forme una miel. Deja enfriar y reserva.

3. Para el relleno, bate el queso crema hasta que esté suave, luego agrega la cajeta y mezcla hasta integrar.

4. Arma una torre de buñuelos intercalando en cada capa el relleno y cubre con crema batida.

5. Decora con guayabas y canela. Sirve con la miel para buñuelos.

PLÁTANOS RELLENOS CUBIERTOS DE CHURROS

⏱ 35 min
👤 18 porciones
☆ Dificultad media

INGREDIENTES

Para los churros

1½ tazas de agua (375 ml)

2¼ tazas de harina (280 g)

1 pizca de sal

1 cda. de levadura (11 g)

3 huevos (180 g)

6 plátanos Tabasco cortados en 3 y congelados

Suficiente aceite para freír

Para el relleno

Dulce de leche al gusto

Crema de cacahuate al gusto

Crema de avellanas al gusto

1 taza de azúcar (200 g)

3 cdas. de canela en polvo (30 g)

Para decorar

Chocolate derretido

Crema batida

PREPARACIÓN

1. Para los churros, calienta el agua en una olla hasta que hierva; entonces agrega la harina de golpe junto con la sal y la levadura. Retira del fuego y mezcla hasta formar una masa que no se pegue en la olla ni en tus dedos.

2. Bate con batidor globo hasta que se enfríe la masa. Agrega los huevos uno a uno hasta que consigas una masa más suave. Pasa la mezcla de los churros a una manga con duya estrellada. Reserva.

3. En un bowl mezcla el azúcar con la canela en polvo y reserva.

4. Inserta los plátanos en un palito y, con la duya, envuelve los plátanos con la preparación de los churros.

5. Calienta el aceite en una olla y fríe los plátanos envueltos de churros. Retira hasta que estén bien fritos y quita el exceso de grasa con una servilleta absorbente. Pásalos por la mezcla de azúcar y canela. Reserva.

6. Con la ayuda de un palito, ahueca el plátano y rellena con dulce de leche, crema de cacahuate o crema de avellanas.

7. Sirve, baña con chocolate derretido y acompaña con crema batida.

PASTEL DE ELOTE EN OLLA EXPRÉS

⏱ 1 h 40 min
👤 6 porciones
☆ Dificultad baja

INGREDIENTES

Para el pastel de elote

3 tazas de granos de elote blanco (450 g)

1 taza de leche condensada (375 g)

1 taza de harina (125 g)

1 cda. de polvo para hornear (13 g)

1 taza de mantequilla a temperatura ambiente (200 g)

1 taza de azúcar (200 g)

4 huevos a temperatura ambiente (240 g)

1 cdta. de esencia de vainilla (5 ml)

Para decorar

Azúcar glas

PREPARACIÓN

1. Licúa los granos de elote con la leche condensada y reserva.
2. En un bowl, cierne la harina y el polvo para hornear.
3. Bate la mantequilla hasta acremar, agrega el azúcar, añade uno a uno los huevos y después la esencia de vainilla. Luego integra la mezcla del elote y los polvos cernidos del paso anterior; bate hasta incorporar.
4. Vierte la mezcla en un molde previamente enharinado y engrasado de 20 cm de diámetro, cubre con papel aluminio, luego coloca en una olla de presión y cocina a baño María por 1 hora.
5. Retira de la olla de presión y deja enfriar. Desmolda el pastel, coloca en un plato extendido y decora con azúcar glas.

TRONCO NAVIDEÑO DE GALLETAS MARÍAS

⏱ 45 min
👤 6 porciones
☆ Dificultad baja

INGREDIENTES

Para el relleno

1 taza de queso crema (190 g)

1 taza de chocolate blanco (170 g)

1 taza de turrón de almendras desmoronado (150 g)

2 tazas de galletas Marías (180 g)

Para la cubierta

½ taza de crema de avellanas (145 g)

1 taza de queso crema a temperatura ambiente (190 g)

Para decorar

Cocoa

3 cerezas en almíbar

1 hoja de menta

PREPARACIÓN

1. Para el relleno, en un bowl acrema el queso y, una vez que esté suave, añade el chocolate blanco derretido y el turrón de almendras; bate con un globo hasta integrar.

2. Unta en una galleta María un poco de la crema de turrón y pega encima otra galleta. Repite hasta obtener un tubo largo. Acuesta el tubo de manera horizontal y cubre con el resto de la crema. Refrigera 15 minutos.

3. Para la cubierta, mezcla el queso con la crema de avellanas hasta incorporar.

4. Retira el rollo del refrigerador, cubre con la mezcla del paso anterior y refrigera 10 minutos más.

5. Decora con cocoa, cerezas y menta. Corta en diagonal y sirve.

Gelatinas y flanes que amamos

Una selección especial para los amantes de la grenetina

¿CÓMO HIDRATAR TU GRENETINA CORRECTAMENTE EN CADA CASO?

Desde un cheesecake sin horno hasta una panna cotta, la grenetina es un ingrediente clave cuando de postres hablamos, pues puede funcionar como agente gelificante. También sirve para espesar, conseguir texturas o incluso para estabilizar espumas.

Dependiendo de la concentración de la gelatina, la temperatura de fusión va de los 30 a los 40 °C. Su presentación más común es en forma de polvo, hojas o láminas secas. Eso sí: sin importar el tipo de grenetina que hayas elegido, todas deben hidratarse antes de usarlas.

Grenetina en polvo: para hidratar la grenetina en polvo, puedes espolvorearla sobre un líquido frío y luego dejarla reposar de 5 a 10 minutos. Este tipo de grenetina suele venir en sobres de 7 g, los cuales puedes hidratar con 3 cdas. de agua fría, dejarlos reposar alrededor de 3 minutos y después derretir por 3 segundos en el microondas.

1   2   3   4

Hojas o láminas de grenetina: una de las características es que deja más cristalina la gelatina. Primero, hidrátalas sobre un líquido frío durante 5 a 10 minutos. Una vez hecho este proceso, escurre en ellas el exceso de agua y funde por 5 segundos en un microondas para que queden listas para utilizar.

TIPS DE LOS EXPERTOS

Para conservar de manera óptima la grenetina, guárdala siempre en un lugar seco a temperatura ambiente y, una vez abierta, mantenla en un envase o bolsa resellable.

Cuando uses ingredientes ácidos como limón, kiwi o piña, remójalos en agua con sal. O bien, dales una cocción corta en agua y azúcar antes de añadir la grenetina.

Si preparas una gelatina cristalina y deseas tener la menor opacidad en el resultado final, puedes agregar unas cucharadas de ácido cítrico para clarificar la gelatina, sobre todo si quieres resaltar el relleno de frutas.

GELATINA CRISTALINA CON FRUTAS

⏱ 2 h
👤 6 porciones
⭐ Dificultad media

INGREDIENTES

2 tazas de agua caliente (500 ml)

1 sobre de gelatina cristalina (120 ml)

2 tazas de agua fría (500 ml)

½ taza de fresas en mitades (90 g)

½ taza de zarzamoras (60 g)

½ taza de frambuesas (67 g)

½ taza de durazno en
almíbar en cuartos (90 g)

1 taza de kiwi (120 g)

2 tazas de leche (500 ml)

1 taza de queso crema (190 g)

½ taza de leche condensada (187 g)

1 cdta. de vainilla (5 ml)

3 sobres de grenetina hidratada
y fundida (21 g; 1 sobre = 7 g)

Para decorar
Hojas de menta

PREPARACIÓN

1. En un bowl mezcla el agua caliente con la gelatina cristalina y, con ayuda de un batidor globo, disuelve por completo. Luego agrega el agua fría y mezcla hasta integrar. Reserva.

2. En un molde redondo para pastel, vierte la mitad de la gelatina cristalina y refrigera por 30 minutos o hasta que puedas colocar la fruta, es decir, cuando la gelatina cuaje un poco. Después acomoda la fruta por toda la superficie y agrega el restante de la gelatina cristalina con un cucharón, poco a poco, para no mover la fruta y que no se formen burbujas. Refrigera por 30 minutos.

3. Licúa la leche con el queso crema, la leche condensada y la vainilla hasta obtener una mezcla homogénea.

4. En una olla calienta la mezcla anterior a fuego medio por 10 minutos; luego agrega la grenetina hidratada y disuelve por completo.

5. Vierte la mezcla de gelatina de queso en el molde con la gelatina cristalina y la fruta. Cubre el molde con plástico antiadherente y refrigera por 1 hora.

6. Desmolda y coloca en un plato extendido; decora con hojas de menta.

FLAN DE CHOCOLATE DE MESA CASERO

⏱ 1 h 5 min
👤 8 porciones
☆ Dificultad baja

INGREDIENTES

4 tablillas de chocolate de mesa (360 g)
1 taza de leche (250 ml)
1 taza de queso doble crema en cubos (200 g)
½ taza de leche condensada (187 g)
5 huevos (300 g)
1 cdta. de fécula de maíz (2 g)
1 cda. de vainilla (15 ml)
1½ tazas de leche evaporada (360 g)
Suficiente mantequilla para engrasar el molde

Para el caramelo
1 taza de azúcar refinada (200 g)

Para decorar
Chocolate de mesa rallado
Obleas de cajeta
Hojas de menta

PREPARACIÓN

1. Precalienta el horno a 190 °C.
2. En una cacerola calienta el chocolate de mesa en la leche y mantén a fuego hasta disolver el chocolate. Después licúa junto con el queso doble crema, la leche condensada, el huevo, la fécula de maíz, la vainilla y la leche evaporada. Reserva.
3. Para el caramelo, calienta el azúcar en una cacerola a fuego medio; poco a poco comenzará a tener un color café y a hacerse líquido. No dejes de mover con una cuchara de madera; cuando esté lo suficientemente líquido y espeso, retira del fuego.
4. Engrasa un molde para hornear con mantequilla. Vierte el caramelo caliente y esparce por todo el molde. Inmediatamente vierte lo que licuaste, tapa con aluminio y cocina a baño María por 50 minutos a 190 °C. Deja enfriar.
5. Desmolda y decora con chocolate de mesa rallado, obleas de cajeta y hojas de menta.

GELATINA KETO

⏱ 1 h 30 min
👤 6 porciones
☆ Dificultad baja

INGREDIENTES

Para la gelatina de zarzamora

2 sobres de grenetina en polvo
hidratada y fundida (14 g; 1 sobre = 7 g)

2 tazas de yogurt griego (464 g)

2 cdtas. de edulcorante (10 g)

1 taza de zarzamora (120 g)

Suficiente agua

Para la gelatina de fresa

2 sobres de grenetina en polvo
hidratada y fundida (14 g; 1 sobre = 7 g)

2 tazas de yogurt griego (464 g)

2 cdtas. de edulcorante (10 g)

1 taza de fresa (180 g)

1 cdta. de vainilla (5 ml)

Suficiente agua

Para la gelatina de frambuesa

2 sobres de grenetina en polvo
hidratada y fundida (14 g; 1 sobre = 7 g)

2 tazas de yogurt griego (464 g)

2 cdtas. de edulcorante (10 g)

1 taza de frambuesa (135 g)

1 cdta. de jugo de limón (5 ml)

Suficiente agua

Para decorar

Fresas y frutos rojos

Hojas de menta

PREPARACIÓN

1. Para hidratar la grenetina, colócala en un recipiente y mezcla con el agua hasta tener una consistencia semilíquida. Deja reposar hasta que endurezca. Calienta en el microondas por 20 segundos hasta que se vuelva líquido. Repite este paso para cada sabor de la gelatina. Reserva.

2. Para la gelatina de zarzamora, licúa el yogurt griego con el edulcorante, la zarzamora y la grenetina. Vierte en el molde de gelatina y refrigera por 30 minutos.

3. Para la gelatina de fresa, licúa el yogurt griego con la fresa, la vainilla, el edulcorante y la grenetina. Vierte en el molde y refrigera por 30 minutos.

4. Para la gelatina de frambuesa, licúa el yogurt griego con la frambuesa, el jugo de limón, el edulcorante y la grenetina, y vierte en el molde. Refrigera 30 minutos o hasta cuajar.

5. Desmolda y decora con los frutos rojos y la menta.

FLAN NAPOLITANO EN ESTUFA

⏱ 2 h
👤 6 porciones
☆ Dificultad baja

INGREDIENTES

1 taza de azúcar (200 g)
1½ tazas de leche evaporada (360 g)
1 taza de leche condensada (375 g)
1 taza de media crema (225 g)
6 huevos (360 g)
1 cda. de esencia de vainilla (15 ml)
Suficiente agua

Para decorar
Fresas en mitades
Frambuesas
Cerezas
Flores

PREPARACIÓN

1. Calienta el azúcar en una olla a fuego bajo por 10 minutos hasta formar un caramelo.
2. Vierte el caramelo en un molde para pastel y reserva.
3. Licúa la leche evaporada con la leche condensada, la media crema, el huevo y la vainilla por 5 minutos hasta mezclar todo por completo.
4. Coloca el molde sobre una cacerola más grande, vierte la mezcla del flan en el molde y tapa con aluminio. Con la ayuda de una jarra vierte poco a poco agua en la cacerola y cocina el flan a fuego medio por 40 minutos; cuida que no se acabe el agua. Refrigera durante 1 hora.
5. Sirve sobre un platón y decora con fresa, cereza, frambuesa y flores. Disfruta.

FLOTATINA DE QUESO CON ZARZAMORA

○ 2 h 35 min
👤 10 porciones
☆ Dificultad media

INGREDIENTES

Para la gelatina de zarzamora

2½ tazas de zarzamoras (300 g)

1 taza de azúcar (200 g)

Suficiente ralladura de limón

1 taza de agua (250 ml)

4 cdas. de grenetina hidratada y fundida (60 ml)

Para la gelatina de queso

4 tazas de queso crema (760 g)

1½ tazas de leche condensada (562 g)

2 tazas de leche (500 ml)

4 cdas. de grenetina hidratada y fundida (60 ml)

Para decorar

Crema batida

Salsa de zarzamora (licúa mermelada de zarzamora y un poquito de agua)

Zarzamoras frescas

PREPARACIÓN

1. Mezcla en una olla las zarzamoras con el azúcar, la ralladura de limón y el agua; hierve por 5 minutos o hasta que las zarzamoras se suavicen.

2. Licúa lo anterior por 3 minutos aproximadamente y, mientras está en movimiento, vierte la grenetina fundida.

3. Vierte inmediatamente la gelatina al molde que vas a utilizar y refrigera por una hora aproximadamente, hasta que esté completamente cuajada; cuando esté lista despégala del molde, pero déjala ahí mismo.

4. Licúa el queso crema con la leche condensada y la leche; mientras está en movimiento, vierte la grenetina; asegúrate de que quede completamente incorporada.

5. Vierte la gelatina de queso inmediatamente en el molde donde está la gelatina de zarzamora. Al hacerlo, asegúrate de levantar con cuidado la gelatina de zarzamora antes de verter la de queso; la idea es que la gelatina de zarzamora quede "atrapada".

6. Una vez que hayas llenado todo el molde, vuelve a enfriar la gelatina por 1 hora.

7. Desmolda, decora con crema batida, salsa de zarzamoras y zarzamoras frescas.

PASTEL IMPOSIBLE DE BROWNIE CON FLAN

🕐 2 h 30 min
👤 8 porciones
☆ Dificultad media

INGREDIENTES

Para el brownie

1¼ tazas de chocolate amargo derretido (312 ml)
1½ tazas de mantequilla derretida (375 ml)
2 huevos (120 g)
¼ taza de azúcar (50 g)
½ taza de harina tamizada (60 g)
1 taza de nueces finamente picadas (100 g)

Para el flan

4 huevos (120 g)
1½ tazas de leche evaporada (360 g)
1 taza de leche condensada (375 g)
Suficiente esencia de vainilla
½ taza de cajeta (185 g)

Para decorar

Chocolate amargo en virutas

PREPARACIÓN

1. Precalienta el horno a 180 °C.
2. Para el brownie, en un bowl mezcla el chocolate derretido con la mantequilla; luego agrega una a una las piezas de huevo, el azúcar y, con ayuda de un batidor globo, bate hasta integrar y deshacer los grumos; añade la harina y las nueces, y continúa mezclando hasta integrar. Reserva.
3. Para el flan, licúa las piezas de huevo con la leche evaporada, la leche condensada y la esencia de vainilla. Reserva.
4. En un molde para pastel previamente enharinado y engrasado, vierte la cajeta, luego la mezcla de brownie y, con ayuda de una cuchara, vierte poco a poco el flan. Cubre con papel aluminio y hornea a baño María a 180 °C por 1 hora. Deja enfriar y reserva.
5. Desmolda y decora con virutas de chocolate amargo.

GELATINA INYECTADA

🕐 3 h 35 min
👤 6 porciones
☆ Dificultad media

INGREDIENTES

Para la gelatina cristalina

4 tazas de agua (1 l)
1 taza de azúcar (200 g)
4 cdas. de grenetina (60 g)
1 taza de agua (250 ml)

Para la gelatina de leche

3 sobres de grenetina
(21 g; 1 sobre = 7 g)
½ taza de agua (125 ml)
1 lata de leche condensada (375 g)
1 taza de leche (250 ml)
Colorante de gel rosa
Colorante de gel amarillo
Colorante de gel verde

PREPARACIÓN

1. Para la gelatina cristalina, calienta el litro de agua a fuego medio con el azúcar. Reserva.

2. En un bowl, mezcla la grenetina con la taza de agua y deja reposar por 10 minutos.

3. Agrega la grenetina hidratada a la mezcla del agua con el azúcar y disuelve con ayuda de un batidor globo. Vierte en un molde de semiesfera, de preferencia transparente. Refrigera por 2 horas o hasta que cuaje. Reserva.

4. Para la gelatina de leche, disuelve la grenetina en el agua y deja reposar por 10 minutos.

5. En una ollita a fuego medio, calienta la leche con la leche condensada sin dejar hervir, hasta llegar a una temperatura de 70 °C. Retira del fuego, agrega la grenetina previamente hidratada y mueve con ayuda de un batidor globo para disolver. Divide la preparación en 3 partes y reserva. Agrega colorante rosa, amarillo y verde a cada una de las mezclas que separaste y disuelve enérgicamente con ayuda de un tenedor. Reserva y deja enfriar hasta que llegue a una temperatura de 27 °C.

6. Coloca la gelatina transparente sobre una mesa de apoyo y con la ayuda de una jeringa, toma un poco del color amarillo e inyecta al centro de la gelatina para formar el pistilo, como se muestra en la foto.

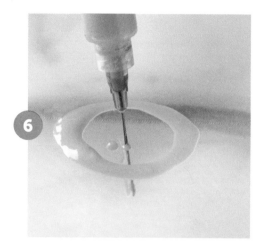

7. Sumerge la punta de un cuchillo mondador en la mezcla rosa y comienza a inyectar presionando suavemente el color; continúa alrededor del pistilo hasta completar los pétalos.

8. Con la ayuda de un cuchillo un poco más grueso, sumerge la punta en el color verde e inyecta la gelatina formando 2 puntas para simular las hojas.

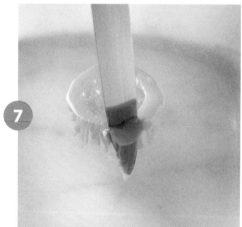

9. Desmolda y presenta en una base para pastel.

GELATINA DE TRES LECHES CON COCO

⏱ 1 h 10 min
👤 8 porciones
☆ Dificultad baja

INGREDIENTES

1 taza de queso crema en cubos (190 g)

2½ tazas de leche de coco (624 ml)

1½ taza de leche evaporada (360 g)

1 taza de leche condensada (375 g)

1 cdta. de esencia de vainilla (5 ml)

3 cdas. de coco rallado (42 g)

6 sobres de grenetina hidratada y fundida (42 g; 1 sobre = 7 g)

Suficiente aceite en aerosol

Para decorar

Crema de coco

Coco rallado

Coco rallado y tostado

PREPARACIÓN

1. Licúa a velocidad media el queso crema con la leche de coco, la leche evaporada, la leche condensada, la esencia de vainilla y el coco rallado hasta incorporar.

2. Baja la velocidad de la licuadora, destapa y vierte poco a poco la grenetina fundida. Tapa y termina de integrar.

3. Engrasa un molde de silicón para gelatina con aceite en aerosol, dispersa con una servilleta de papel por todo el molde y vierte la mezcla. Refrigera hasta cuajar.

4. Una vez frío, desmolda, sirve con crema de coco, coco rallado y coco rallado tostado.

GELATINA NOCHEBUENA

⏱ 4 h
👤 8 a 12 porciones
☆ Dificultad baja

INGREDIENTES

1 taza de leche condensada (375 g)

1½ tazas de leche evaporada (360 g)

1½ tazas de leche (375 ml)

4 sobres de grenetina hidratada y fundida (28 g; 1 sobre = 7 g)

½ sobre de gelatina de fresa (60 g)

½ taza de agua caliente (125 ml)

½ sobre de gelatina de limón (60 g)

½ taza de agua caliente (125 ml)

½ sobre de gelatina de piña (60 g)

½ taza de agua caliente (125 ml)

PREPARACIÓN

1. Licúa la leche condensada con la leche evaporada, la leche y sin dejar de licuar, agrega poco a poco la grenetina.

2. Vierte sobre un molde una cuarta parte de la gelatina de leche. Refrigera por 1 hora o hasta que cuaje.

3. Disuelve en agua caliente los sobres de gelatina de fresa, limón y piña. Reserva.

4. Con la ayuda de un cortador para galletas en forma de hoja y otro circular, corta la gelatina de leche en forma de nochebuena. Retira lo que cortaste para que queden los espacios.

5. Rellena las hojas con la gelatina de fresa y otras de limón para hacer los pétalos de la flor. Rellena el centro con la gelatina de piña. Refrigera hasta cuajar.

6. Vierte el resto de la gelatina de leche sobre la gelatina ya cuajada. Refrigera hasta que cuaje y desmolda.

Para la hora del café

**Tartas, pays y panes
para acompañar
tu taza favorita**

ALFAJORES CON DULCE DE LECHE

⏱ 1 h 5 min
👤 20 porciones
☆ Dificultad media

INGREDIENTES

1¾ tazas de mantequilla a temperatura ambiente (380 g)

¾ taza de azúcar (150 g)

4 yemas de huevo (80 g)

1 cdta. de esencia de vainilla (5 ml)

2 tazas de fécula de maíz, tamizada o cernida previamente (220 g)

¾ taza de harina de trigo, tamizada o cernida previamente (112 g)

1 cda. de polvo para hornear (13 g)

⅓ cdta. de sal (2 g)

1 cdta. de ralladura de limón (2 g)

Mantequilla, para engrasar

1 taza dulce de leche (370 g)

2 cdas. de ron especiado (30 ml)

1 taza de coco rallado (100 g)

PREPARACIÓN

1. Precalienta el horno a 160 °C.

2. Con la ayuda de una batidora con aditamento de pala, bate la mantequilla con el azúcar a velocidad media por 7 minutos o hasta obtener una consistencia ligeramente esponjada y untable. Baja la velocidad y añade una a una las yemas y la esencia de vainilla; integra perfectamente hasta que los ingredientes tengan una consistencia uniforme.

3. A velocidad baja agrega poco a poco la fécula de maíz, la harina de trigo, el polvo para hornear, la sal y la ralladura de limón hasta integrar. Deberás obtener una mezcla compacta; ten cuidado de no trabajarla de más. Retira la mezcla de la batidora, termina de integrar con la palma de las manos y coloca sobre un plástico adherente. Extiende con un rodillo de manera que tengas un rectángulo grueso y coloca en una charola. Refrigera por 20 minutos.

4. Sobre una superficie plana enharinada, extiende la masa refrigerada con el rodillo a ½ centímetro de grosor. Pasa la masa extendida sobre una charola engrasada, corta varias piezas con un aro de 4 o 5 cm de diámetro y retira el exceso. Hornea por 15 minutos a 160 °C. Una vez que salga del horno, deja enfriar.

5. Mezcla el dulce de leche con el ron especiado hasta integrar; colócalo sobre una manga con duya lisa.

6. Forma los alfajores colocando suficiente dulce de leche al centro de una galleta. Cubre con otra galleta y presiona hasta formar un sándwich. Espolvorea la circunferencia del alfajor con coco rallado. Repite hasta terminar.

CRÈME BRÛLÉE

⏱ 5 h 10 min
👤 4 porciones
☆ Dificultad media

INGREDIENTES

2 tazas de leche (500 ml)
1 taza de crema para batir (250 ml)
1 vaina de vainilla (5 g)
6 yemas de huevo (120 g)
½ taza de azúcar (100 g)
Azúcar mascabado para flamear

PREPARACIÓN

1. Precalienta el horno a 120 °C.

2. En una cacerola, cocina la leche con la crema para batir y la vaina de vainilla a fuego medio bajo. Para poder usar la vaina deberás cortar por la mitad de manera vertical y a lo largo de la misma (abre la vaina y con la punta de un cuchillo pequeño, raspa y agrega las semillas oscuras a la leche). Integra los ingredientes y mueve ocasionalmente para evitar que se peguen. Una vez que llegue a ebullición, retira de inmediato del fuego y deja entibiar. Reserva.

3. En un tazón y con la ayuda de una cuchara o espátula de silicón, mezcla las yemas de huevo con el azúcar, no es necesario utilizar batidor globo, pues la idea es no incorporar aire en la preparación. Mezcla haciendo círculos hasta obtener un color ligeramente pálido, pero que prevalezca el tono amarillo característico de este postre.

4. Una vez que las yemas hayan alcanzado el tono idóneo, vierte un poco de la mezcla de leche; pásala previamente por un colador. De inmediato mezcla para integrar y de esta manera lograr que las temperaturas se regulen, y evitar que se formen grumos en la preparación (esto sería señal de que el huevo se cocinó). Cuando la temperatura se haya regulado, vierte el resto de la mezcla de leche colándola previamente. Termina de integrar sin hacer espuma.

5. Coloca moldes de cerámica para hornear sobre una charola y vierte la mezcla de forma muy cuidadosa con la ayuda de una jarra para evitar que se forme espuma. Hornea por 45 minutos a 120 °C. Sabrás que la crème brûlée está lista cuando los bordes se observen firmes y estables, y el centro ligeramente tambaleante.

6. Deja enfriar a temperatura ambiente por 40 minutos, después refrigera por 3 horas. Una vez fría la crème brûlée, coloca una capa de azúcar mascabado sobre toda la superficie y flamea con un soplete hasta que el azúcar alcance un color dorado. Sirve de inmediato.

PAY DE PLÁTANO ESTILO AMERICANO

🕐 50 min
👤 8 porciones
☆ Dificultad media

INGREDIENTES

Para la base

1 taza de nueces tostadas (100 g)

1½ tazas de galleta de vainilla (135 g)

¼ cdta. de nuez moscada (1 g)

¾ taza de mantequilla derretida para la base (187 ml)

1 cdta. de sal (6 g)

Para la crema pastelera

2 tazas de leche (500 ml)

4 yemas de huevo (80 g)

1 cda. de vainilla (15 ml)

½ taza de azúcar (100 g)

½ taza de fécula de maíz (55 g)

3 cdas. de mantequilla derretida (45 g)

Para el pay

3 plátanos (450 g aprox.)

2 tazas de crema para batir (500 ml)

½ taza de azúcar glas (70 g)

Para decorar

Nuez picada

PREPARACIÓN

1. Con la ayuda de un procesador, muele las nueces con las galletas, la nuez moscada y la sal; después agrega poco a poco la mantequilla derretida hasta que se incorpore completamente en el procesador.

2. Pasa la mezcla a un molde para tarta y extiende hasta cubrir el fondo del molde por completo. Recuerda hacer una capa gruesa de aproximadamente medio centímetro de grosor; cubre con plástico adherente y congela por 15 minutos.

3. Para la crema pastelera, mezcla en una olla (sin llevar aún a fuego directo) la leche con las yemas, el azúcar, la vainilla y la fécula de maíz con ayuda de un batidor globo para integrar por completo. Enseguida calienta a temperatura media sin dejar de mover por aproximadamente 5 minutos. Una vez que espese, apaga la flama e incorpora la mantequilla.

4. Retira la base de la tarta del congelador y cubre con una capa de plátanos rebanados, agrega la crema pastelera y extiende con la ayuda de una cuchara o espátula. Refrigera nuevamente por 30 minutos.

5. Bate la crema y el azúcar glas con ayuda de una batidora con aditamento de globo a velocidad alta por 3 minutos o hasta que doble su tamaño. La consistencia debe ser suave.

6. Retira la tarta del refrigerador y coloca rebanadas de plátano alrededor, agrega la crema batida al centro y extiende con ayuda de la misma cuchara. Espolvorea nuez picada para terminar.

PROFITEROLES CON CREMA PASTELERA

⏱ 1 h
👤 12 porciones
☆ Dificultad media

INGREDIENTES

Para la masa

1⅛ tazas de leche (280 ml)
¼ de taza de mantequilla (60 g)
1 cdta. de azúcar (4 g)
⅔ de taza de harina (90 g)
2 piezas de huevo (120 g)

Para la cobertura

¼ de taza de mantequilla (60 g)
¼ de taza de azúcar (50 g)
½ taza de harina (60 g)

Para la crema pastelera

1 taza de leche (250 ml)
3 cdas. de azúcar (36 g)
2 yemas de huevo (40 g)
1 raja de canela (10 g)
1 cdta. de esencia de vainilla (5 ml)
1 cda. de fécula de maíz (4 g)

Para decorar

Chocolate amargo derretido

PREPARACIÓN

1. Precalienta el horno a 180 °C.
2. Para la masa, en una ollita a fuego medio calienta la leche con la mantequilla y el azúcar sin que hierva. Retira del fuego y agrega la harina de un solo golpe; mezcla vigorosamente con la ayuda de una espátula para integrar.
3. Coloca la masa en una batidora con el aditamento de globo, agrega uno a uno los huevos y bate a velocidad media. Coloca en una manga de repostería con duya lisa y reserva.
4. Para la cobertura, en un bowl mezcla la mantequilla con la harina y el azúcar con ayuda de tus manos e integra hasta obtener una masa suave y homogénea.
5. Con un rodillo extiende la masa de la cobertura sobre plástico adherente para evitar que se pegue a la mesa. Congela por 25 minutos.
6. Utiliza un cortador de 4 cm de diámetro para formar círculos y reserva en congelación.
7. Sobre una charola con papel encerado, marca pequeños círculos de 4 cm de diámetro aproximadamente y coloca encima de cada uno la cobertura; luego hornea por 15 minutos. Deja enfriar y reserva.
8. Para la crema pastelera, en una cacerola a fuego medio calienta la leche con el azúcar, la canela y la esencia de vainilla. Después agrega uno a uno los huevos sin dejar de mover y enseguida la fécula de maíz previamente hidratada con agua fría. Cocina por 15 minutos sin dejar de mover.
9. Con la ayuda de un cuchillo sierra, corta el profiterol a la mitad, rellena con la crema pastelera y decora con chocolate derretido.

TARTA DE MANZANA CON CARAMELO

⏱ 2 h 50 min
👤 10 porciones
☆ Dificultad media

INGREDIENTES

10 manzanas (1.8 kg aprox.)

Para la masa

2½ tazas de harina (310 g)

2 cdtas. de vinagre blanco (10 ml)

Agua fría

1 taza de mantequilla cortada en cubos (200 g)

3 cdas. de azúcar (36 g)

3 cdas. de aceite (45 ml)

1 cdta. de sal (6 g)

Para macerar las manzanas

¾ taza de azúcar (150 g)

½ taza de azúcar mascabado (90 g)

2 cdas. de canela en polvo (20 g)

½ cdta. de nuez moscada (2 g)

Para el caramelo

¼ taza de crema para batir (62 ml)

Para decorar y acompañar

Azúcar glas

Menta

Helado de vainilla

PREPARACIÓN

1. Precalienta el horno a 180° C.

2. Para la masa, en un bowl mezcla la harina con el vinagre, el agua, la mantequilla, el azúcar, el aceite y la sal con tus manos o con ayuda de una espátula; raspa hasta integrar todos los ingredientes y obtener una masa arenosa. Refrigera 30 minutos.

3. Con un rodillo extiende la masa sobre una mesa limpia y enharinada, y coloca sobre un recipiente para tarta. Asegúrate de que la masa esté bien adherida al molde. Con un tenedor, pica la masa y refrigera mientras preparas el relleno. Reserva.

4. Pela las manzanas con ayuda de un pelador. Descorazona y corta 4 piezas en rodajas medianamente gruesas; las otras 6 córtalas en medias lunas muy delgadas para la decoración. Reserva.

5. Coloca las manzanas en un bowl y mezcla con el azúcar refinada, el azúcar mascabado, la canela y la nuez moscada. Deja macerar durante 30 minutos.

6. Escurre las manzanas y reserva el líquido. Coloca las rodajas de manzana en la base; y encima forma una rosa con las medias lunas. Hornea la tarta durante 50 minutos, tapada o hasta que la masa esté bien cocida. Retira del horno y deja enfriar.

7. Para el caramelo, calienta en una ollita el líquido que reservaste de la marinada hasta que se haga un caramelo; entonces añade la crema para batir y cocina 5 minutos más.

8. Baña la tarta con el caramelo, decora con azúcar glas y menta, y sirve con helado de vainilla.

CARLOTA DE LIMÓN

◷ 4 h 30 min
♟ 10 porciones
☆ Dificultad baja

INGREDIENTES

3 tazas de queso crema
en cubos (570 g)

1½ tazas de leche
evaporada (360 g)

1 taza de leche condensada (375 g)

⅓ taza de jugo de limón
sin semilla (70 ml)

Ralladura de limón

4 tazas de galletas de
vainilla (360 g)

Para decorar

Galletas de vainilla troceadas

Ralladura de limón

PREPARACIÓN

1. Para el relleno, licúa el queso crema con la leche evaporada, la leche condensada, el jugo de limón y la ralladura de limón hasta integrar por completo. Reserva.

2. Cubre con plástico adherente un aro de pastelería de manera que te quede una base. Luego coloca tiras de acetato sobre la circunferencia y cubre la base con galletas de vainilla de manera que tapices por completo la superficie. Vierte el relleno y coloca una capa de galletas alrededor del aro para limitar la circunferencia. Después, sigue formando las capas con una base de mezcla de relleno, una base de galletas y enseguida una capa de mezcla de relleno; repite hasta obtener de 6 a 8 capas (recuerda que la última capa debe de ser de relleno). Refrigera por al menos 4 horas o hasta que esté totalmente sólido.

3. Desmolda la carlota de limón, decora con una circunferencia de galleta de vainilla troceada y cubre la superficie con ralladura de limón. Sirve con la bebida de tu preferencia.

LOS MACARRONES PERFECTOS

A la hora de preparar estas galletas francesas, cuya receta encontrarás a continuación, la precisión y la técnica serán la clave, pues el macarrón perfecto debe ser crujiente por fuera, pero chicloso por dentro.

Estos consejos te ayudarán a preparar los macarrones perfectos:

1

Tamiza los ingredientes secos y evita grumos en la mezcla.

2

Utiliza un procesador de alimentos para que la harina de almendra quede mas fina.

3

Las claras deben estar a temperatura ambiente. Agrega el almíbar en forma de hilo sin dejar de batir.

4

Agrega el merengue italiano, mezclando de forma envolvente.

5

Incorpora los ingredientes secos de manera envolvente hasta obtener la consistencia ideal.

6

Emplea una manga pastelera para formar los macarrones.

7

Golpea la charola contra la mesa para eliminar las burbujas en la superficie de la galleta.

8

Deja reposar los macarrones a temperatura ambiente por alrededor de una hora antes de hornear.

TRILOGÍA DE MACARRONES

⏱ 1 h 45 min
👤 24 porciones
★ Dificultad alta

INGREDIENTES

Para los macarrones
150 g de harina o polvo
de almendra
150 g de azúcar glas
55 g de claras de huevo
Colorante en gel rosa,
verde y amarillo

Para el merengue italiano
55 g de claras de huevo
150 g de azúcar refinada
50 ml de agua

Para el relleno
2 tazas de chocolate semiamargo
picado en trozos pequeños (340 g)
1 taza de crema para batir
caliente (250 ml)
2 cdas. de mantequilla suave (40 g)
2 cdas. de licor de café (30 ml)

PARA RECORDAR:
Esta es una receta
sensible al gramaje,
por lo que en ella
no encontrarás
las medidas de los
ingredientes en tazas.
¡Te aseguramos que
si la sigues tendrás
unos macarrones
espectaculares!

PREPARACIÓN

1. Antes de empezar, prepara tu charola para hornear. A diferencia de muchos postres, los macarrones deben de prepararse con una técnica perfecta, por lo que deberás tener a la mano la charola lista para darles forma y, posteriormente, poder hornear. Corta un pliego de papel encerado para hornear al tamaño de la charola que usarás; del lado donde no se encuentra lo encerado, dibuja círculos de 4 a 5 centímetros de diámetro, dándoles un pequeño espacio entre cada círculo; te puedes apoyar con una tapa o aro de pastelería y utilizar una pluma o plumón que se marque muy bien para que, al momento de colocar sobre la charola, se siga observando la circunferencia de cada aro. Recuerda que el lado donde dibujaste los aros deberá quedar boca abajo. Reserva hasta su uso.

2. Mezcla la harina de almendra con el azúcar glas en un tazón. Licúa la mezcla por 3 minutos para obtener un polvo muy fino, esto ayudará a que la textura de macarrón sea más lisa al momento de hornear.

3. Tamiza la mezcla de polvos con ayuda de un colador de malla fina; si es necesario, tamiza dos veces para asegurar la eliminación de cualquier grumo. Reserva hasta su uso.

4. En un tazón mezcla las claras de huevo con el colorante en gel (puede ser rosa, amarillo o verde, pero necesariamente en gel); la cantidad de colorante a agregar dependerá del tono que desees. Apóyate con un batidor globo para integrar perfectamente el color. No te preocupes si entra un poco de aire a la mezcla, pues al momento de integrar los polvos reservados, el aire desaparecerá.

Lo importante en este paso es disolver muy bien el color para así evitar que se formen vetas en los macarrones. (Por cada color deberás repetir estos 4 pasos desde cero.)

5. Una vez que tengas las claras pintadas, agrega la mezcla de polvos que reservaste (harina de almendra más azúcar glas) e integra con la ayuda de una espátula de silicón de manera envolvente. En este paso puedes intensificar el color si así lo deseas, pues después de esto ya NO podrás hacerlo. Deberás obtener una pastita húmeda. Reserva.

6. Prepara el merengue italiano (ver p. 103). Coloca las claras de huevo en un bowl de batidora de pedestal o batidora de mano con aditamento globo, pero antes de accionar (para levantar las claras), elabora el almíbar; es decir, sólo ten lista la batidora con las claras para encender cuando sea necesario.

7. Para el almíbar, en una ollita coloca el azúcar junto con el agua, lleva a la estufa a fuego medio-bajo y mide la temperatura constantemente hasta que llegue a los 117 °C; es muy importante que no rebase esta temperatura. A este punto se le conoce como almíbar de bola suave o de bola blanda, es decir, cuando al dejar caer un poco de almíbar sobre agua éste puede formar una pequeña bolita dorada al tomarlo con la yema de tus dedos. Cuando el almíbar esté a una temperatura de 100 °C, comienza a batir las claras que dejaste preparadas a velocidad media para que, al momento de verter el almíbar, éstas se encuentren semimontadas.

8. Sin bajar la velocidad de las claras, vierte el almíbar (a 117 °C) en forma de hilo, haciendo un canal en el lateral para que el almíbar no vuele y se te formen hilos. Una vez integrado, sube la velocidad de la batidora: las claras levantarán, se enfriarán y se formará un merengue italiano de característica muy brillante. Esto te llevará entre 6 a 8 minutos; el merengue deberá estar muy firme.

9. Integra la mitad del merengue italiano a la pasta húmeda de macarrones con una espátula de silicón y movimientos envolventes; hazlo tan sólo por 30 segundos, pues es muy importante no mezclar demasiado. Agrega el resto del merengue y sigue mezclando de manera rápida y en forma envolvente; deberás obtener una mezcla semiespesa, de un aspecto suave y terso. Para que se incorpore mejor, integra todo con movimientos lineales y muy rápidos por 15 segundos. La mezcla estará en su punto cuando se vea muy liviana, sin grumos y ligeramente firme; será momento de colocar en una manga con duya lisa. Recuerda que a partir de este punto, deberás trabajar la mezcla de manera muy rápida.

10. Forma los macarrones sobre el dibujo de papel encerado que

dejaste preparado. No sobrepases las líneas marcadas; de esta manera aseguras que todos tus macarrones queden de igual tamaño. Toma la manga de manera muy firme y de forma recta; es muy importante cortar la presión de manera circular. Una vez llena tu charola, golpea suavemente sobre una superficie. Deja secar los macarrones a temperatura ambiente hasta que, al pasar tu dedo sobre la mezcla, ésta no se adhiera.

11. Precalienta el horno a 140 °C.

12. Mientras los macarrones se secan, prepara el relleno. Disuelve el chocolate en la crema para batir hasta que se integre por completo con la ayuda de un batidor globo; deberás obtener una mezcla semiespesa. Posteriormente integra la mantequilla y el licor de café; mezcla con una espátula de silicón. Si lo deseas, puedes pasar la mezcla por el brazo turbo; esto le dará más textura. Pasa la mezcla del relleno a una manga con duya y reserva.

13. Una vez secos los macarrones, hornea a 140 °C por 15 minutos. Es recomendable que antes de hornearlos hagas una prueba, pues muchas veces la temperatura ideal dependerá del horno que tengas en casa, que para este caso deberá ser entre los 135 y 142 °C. Recuerda que antes de meter la charola al horno, debe llegar a esta temperatura. Si horneas más de una charola, deberás esperar a que llegue nuevamente a los grados centígrados ideales. Si lo crees necesario, gira tu charola a la mitad de la cocción, esto ayudará a que los macarrones se horneen de manera más uniforme.

14. Una vez que salgan los macarrones del horno, deja enfriar. Forma pares con las piezas de macarrón y rellena como si hicieras un sándwich. Disfruta de este postre ideal para regalar.

Pasteles esponjosos

Y con ustedes: los reyes de la fiesta

TIPOS DE MERENGUES

Lo más increíble de los merengues es la simpleza de su constitución: hacerlos sólo requiere claras de huevo y azúcar. Con ellos puedes elaborar postres como soufflés o los puedes agregar como cobertura de pays, y volver una obra de arte cualquier superficie dulce.

Aunque los ingredientes clave siempre son los mismos, hay tres tipos de merengues principalmente: francés, suizo e italiano. La variación entre ellos tiene que ver con el estado físico del azúcar (si va granulado o en jarabe), con cómo se combinan las claras de huevo y el azúcar, y de si hay algo de calor involucrado en el proceso.

El **merengue francés**, que es el más común o clásico, también es el más ligero. Para hacerlo, primero se baten las claras hasta formar picos espumosos o suaves y luego se añade el azúcar poco a poco. Una vez que se agrega todo el azúcar y se disuelve, el merengue se bate hasta conseguir picos rígidos que permanecen en su lugar cuando se voltea la mezcla. Una vez horneado a temperatura baja, el merengue se vuelve crujiente, pero aireado. Este tipo de cobertura se ocupa principalmente para estabilizar una mezcla o para algunos dulces mexicanos, como los gaznates y merengues que llevan los vendedores en sus canastas.

El **merengue suizo** se cuece suavemente. Para hacerlo, las claras de huevo y el azúcar se baten y se calientan a baño María hasta que el azúcar se disuelva. Cuando la mezcla comienza a espesarse y alcanza la pasteurización a los 60 °C, se bate de inmediato fuera del fuego hasta formar picos rígidos y brillantes. Finalmente se deja enfriar.

La textura del merengue suizo es más suave, pero más densa que el francés, y se usa como base para glaseados de crema de mantequilla, galletas o pavlova. De los tres tipos, éste se considera el camino medio en términos de estabilidad.

El **merengue italiano** es el más resistente de los tres. Su preparación requiere del uso de un termómetro para postres de forma que se pueda controlar la temperatura a medida que se cocina el azúcar. Primero se elabora un jarabe con agua y azúcar (la mitad de agua por el doble de azúcar) y se pone a calentar hasta alcanzar entre 116 y 120 °C. Con la batidora en marcha y con las claras de huevo en punto de nieve se debe vaciar lentamente el jarabe hasta que se formen picos rígidos y brillantes, y el merengue se enfríe.

Éste es el merengue más difícil de hacer, porque no sólo involucra un jarabe o almíbar, sino que debe estar listo al mismo tiempo que las claras, por lo que se requiere aumentar o disminuir el calor del jarabe o la velocidad de la batidora. Como resultado, se obtiene una textura suave y cremosa, y generalmente se usa para decorar pasteles y cubrir postres que van flameados, como la tarta de limón.

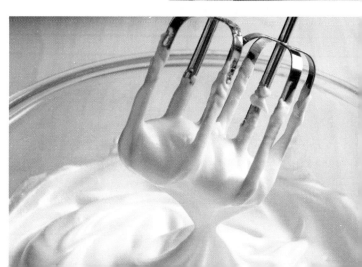

PASTEL DE CAJETA

⏱ 55 min
👤 8 porciones
☆ Dificultad baja

INGREDIENTES

Para el pastel

6 piezas de huevo (360 g)

1 taza de azúcar (200 g)

1 taza de mantequilla derretida (250 ml)

2½ tazas de leche (625 ml)

2 cdtas. de esencia de vainilla (10 ml)

4½ tazas de harina (560 g)

2 cdtas. de polvo para hornear (8 g)

1 pizca de sal

Para el betún

4 tazas de queso crema en cubos (760 g)

¼ taza de azúcar glas (35 g)

¼ taza de cajeta (92 g)

Para el relleno

1 taza de cajeta (370 g)

½ taza de nueces (50 g)

Para decorar

¼ taza de cajeta (92 g)

1 taza de nueces finamente picadas (100 g)

PREPARACIÓN

1. Precalienta el horno a 180 °C.

2. Bate los huevos con el azúcar hasta que cambien de color; entonces agrega poco a poco la mantequilla, la leche y la esencia de vainilla.

3. Agrega la harina, el polvo para hornear, la sal, y bate para mezclar.

4. Vierte la mezcla en 2 moldes previamente enharinados y engrasados, y hornea por 25 minutos. Deja enfriar y reserva.

5. Para el betún, bate 5 minutos el queso crema con el azúcar glas y la cajeta.

6. Arma el pastel colocando un bizcocho sobre una base giratoria, agrega cajeta y nueces, y coloca encima el otro bizcocho. Cubre con el betún y decora con más cajeta y nueces. Refrigera 20 minutos y sirve.

PASTEL DE ZANAHORIA CON CANELA Y JENGIBRE

⏱ 1 hora 30 min
👤 8 porciones
☆ Dificultad media

INGREDIENTES

10 piezas de huevo (600 g)

1 taza de azúcar (200 g)

1 taza de azúcar mascabado (180 g)

2½ tazas de aceite vegetal (625 ml)

8 tazas de zanahoria
rallada (1030 kg)

2 tazas de nuez tostada
y picada (200 g)

2 cdtas. de canela en polvo (8 g)

2 cdtas. de jengibre en polvo (8 g)

2 cdtas. de ralladura
de naranja (8 g)

½ cdta. de pimienta (3 g)

5½ tazas de harina (685 g)

5 cdtas. de polvo para
hornear (20 g)

¼ cdta. de sal (1 g)

2 tazas de leche (500 ml)

Aceite en aerosol

Para el betún

2 tazas de queso crema (380 g)

1 cda. de esencia de vainilla (15 ml)

⅔ taza de azúcar glas (93 g)

Para decorar

Fondant color naranja

PREPARACIÓN

1. En una batidora con aditamento de globo, bate los huevos con el azúcar refinada y el azúcar mascabado hasta obtener una mezcla homogénea; notarás cómo la mezcla se esponja ligeramente. Incorpora el aceite en forma de hilo sin dejar de batir.

2. Posteriormente agrega la zanahoria rallada, las nueces tostadas, la canela, el jengibre, la ralladura de naranja y la pimienta; bate a velocidad media hasta integrar por completo.

3. En un bowl mezcla la harina con el polvo para hornear y la sal; enseguida vierte en la batidora poco a poco junto con la leche y continúa batiendo hasta formar una mezcla ligeramente espesa.

4. Engrasa tres moldes del mismo tamaño y vierte la mezcla en tres partes iguales.

5. Hornea a 180 °C por 35 minutos, o hasta que al introducir un palillo éste salga limpio. Deja enfriar.

6. Para el betún, bate el queso crema hasta que esté suave; añade la vainilla y el azúcar glas e integra muy bien.

7. Coloca en una base un bizcocho, esparce ⅓ del betún, y pon encima otra capa y otro tercio del betún.

8. Unta el resto del betún encima y decora con fondant naranja.

NUDE CAKE DE RED VELVET

- ⏱ 2 h 15 min
- 👤 10 porciones
- ☆ Dificultad media

INGREDIENTES

Para el pastel

2½ tazas de harina (310 g)

1½ cdas. de polvo para hornear (19.5 g)

½ taza de cocoa (47.5 g)

1 cdta. de sal (6 g)

4 claras de huevo (160 g)

2½ cdas. de colorante rojo en gel (37.5 ml)

1 cda. de esencia de vainilla (15 ml)

⅓ taza de mantequilla en cubos y a temperatura ambiente (75 g)

1¼ tazas de azúcar (250 g)

¾ taza de leche (175 ml)

⅓ taza de aceite vegetal (70 ml)

Mantequilla para engrasar

Harina

Para el betún

1 taza de mantequilla a temperatura ambiente (200 g)

2 tazas de queso crema en cubos y a temperatura ambiente (380 g)

1 taza de azúcar glas (140 g)

Para decorar

1 taza de fresas en cuartos (180 g)

PREPARACIÓN

1. Precalienta el horno a 180 °C.
2. Tamiza la harina, el polvo para hornear, la cocoa y la sal. Reserva.
3. En un bowl mezcla las claras con el colorante y el extracto de vainilla con ayuda de un batidor globo hasta pintar uniformemente. No es necesario que las claras doblen su volumen, pero es importante integrar suficiente aire. Reserva.
4. En una batidora con aditamento pala, bate la mantequilla con el azúcar a velocidad media durante 5 minutos o hasta obtener una consistencia cremosa y ligeramente esponjada. Baja la velocidad y añade poco a poco la mezcla de polvos que tamizaste hasta integrar. Luego vierte la leche y el aceite, y sube a velocidad máxima para que se incorporen mejor los ingredientes. Deberás obtener una mezcla semiespesa.
5. Sin dejar de batir, añade las claras pintadas poco a poco hasta que todos tus ingredientes estén perfectamente incorporados y observes una mezcla homogénea.
6. En un molde circular de 20 centímetros de diámetro previamente engrasado y enharinado, vierte la mezcla hasta llenar ¾ partes de su capacidad. Hornea durante 40 minutos a 180 °C o hasta que, al insertar un palillo de madera al centro, éste salga limpio. Recuerda que es normal que la parte de arriba del bizcocho tenga un tono más oscuro. Una vez que salga del horno, desmolda y deja enfriar.
7. Para el betún, bate la mantequilla con el queso crema y el azúcar glas hasta obtener una mezcla sin grumos. Vierte la mezcla en una manga pastelera con una duya de círculo pequeño. Refrigera hasta su uso.
8. Una vez frío el bizcocho, haz un corte horizontal en la parte de arriba con ayuda de un cuchillo sierra para quitar la corteza más oscura (reserva las moronas para decorar). Posteriormente vuelve a hacer el mismo corte, pero para dividir en dos partes iguales. Reserva sobre una superficie limpia.
9. Coloca el bizcocho sobre una tabla y con la duya comienza a cubrir su superficie en forma de círculo; coloca la otra capa encima y repite el proceso hasta terminar con el betún (en la última capa trata de hacer mejor los círculos, ya que esto es lo que quedará a la vista).
10. Decora colocando las fresas sobre el betún al centro y espolvorea moronas de pastel.

PASTEL DE TRES LECHES Y ALMENDRAS

⏱ 1 h 25 min
👤 8 porciones
☆ Dificultad media

INGREDIENTES

12 claras de huevo (480 g)
½ taza de azúcar (100 g)
12 yemas de huevo (240 g)
1 cda. de esencia de vainilla (15 ml)
1 cda. de ralladura de naranja (4 g)
2 tazas de harina (250 g)
1 taza de leche (250 ml)
1 taza de leche evaporada (240 g)
1 taza de leche condensada (375 g)
½ taza de amaretto (125 ml)
2 tazas de crema para batir (500 ml)
¼ taza de azúcar glas (35 g)
1 taza de almendras fileteadas y tostadas (105 g)

Para decorar
½ taza de almendras fileteadas y tostadas (52 g)

PREPARACIÓN

1. Precalienta el horno a 180 °C.
2. Para el bizcocho, bate las claras con el azúcar a punto turrón. Por otro lado, bate las yemas con el azúcar hasta doblar su volumen y agrega a esta mezcla la vainilla y la ralladura de naranja.
3. En un bowl mezcla las claras con las yemas de manera envolvente. Luego incorpora la harina cernida poco a poco en forma de lluvia y envuelve cuidadosamente, tratando de que no se baje la preparación.
4. Vierte en un molde previamente engrasado y enharinado, y hornea por 25 minutos o hasta que esté cocido y deja enfriar por completo. Desmolda y corta el bizcocho por la mitad para obtener dos piezas del mismo tamaño.
5. Para las 3 leches, mezcla en un bowl la leche con la leche evaporada, la leche condensada y el amaretto. Reserva.
6. Para el betún, bate la crema para batir con el azúcar glas hasta que doble su tamaño. Reserva en refrigeración.
7. Sobre una tabla empareja los bizcochos y, con una jarrita, humedécelos con las 3 leches.
8. Unta uno de los bizcochos con un poco del betún y esparce las almendras tostadas; luego coloca el otro encima. Refrigera al menos una hora.
9. Cubre el pastel con la crema batida, decora con la almendra y disfruta.

PASTEL DE CHOCOLATE SIN HARINA

⏱ 1 h
👤 12 porciones
☆ Dificultad baja

INGREDIENTES

6 piezas de huevo (360 g)
2 tazas de chocolate amargo derretido (500 ml)
½ taza de mantequilla derretida (125 ml)
1 taza de nueces finamente picadas y tostadas (100 g)

Para la cobertura
½ taza de crema para batir (125 ml)
1 taza de chocolate amargo (170 g)

PREPARACIÓN

1. Precalienta el horno a 170 °C.
2. Bate los huevos con el chocolate amargo, la mantequilla y las nueces con ayuda de un batidor globo hasta integrar.
3. Vierte en un molde previamente engrasado y cubierto con cocoa; hornea por 25 minutos a 170 °C. Deja enfriar y desmolda.
4. Para la cubierta, calienta la crema para batir, agrega el chocolate y cocina a fuego bajo, sin dejar de mover, hasta que se derrita. Deja enfriar a temperatura ambiente.
5. Cubre la superficie del pastel con el betún de chocolate.

PASTEL DEGRADADO ROSA

⏱ 1 h 5 min
👤 8 porciones
✿ Dificultad media

INGREDIENTES

12 piezas de huevo (720 g),
separar las yemas y las claras

2 tazas de azúcar (400 g);
mitad para las yemas,
mitad para las claras

1½ cdas. de esencia de
almendra (23 ml)

1½ tazas de mantequilla a
temperatura ambiente (300 g)

3 tazas de harina cernida (375 g)

½ taza de harina de
almendra cernida (75 g)

Colorante vegetal rosa

Para el betún

1½ tazas de mantequilla a
temperatura ambiente (300 g)

1 taza de azúcar glas (140 g)

1 cda. de esencia de vainilla (15 ml)

4 cdas. de crema para batir (60 ml)

PREPARACIÓN

1. Precalienta el horno a 180 °C.

2. Para el pastel, bate las yemas y la mitad del azúcar a velocidad media con el aditamento de pala hasta que cambien de color y esponjen. Agrega la esencia de almendra e incorpora la mantequilla.

3. Por otro lado, bate las claras con el resto del azúcar hasta formar picos duros. Incorpora muy bien las claras a la preparación de yemas de manera envolvente. Luego agrega los polvos y mezcla muy bien.

4. Divide la mezcla en 4 recipientes y agrega 3 gotas de colorante en uno, 2 en otro y 1 en el tercero, y mezcla muy bien cada uno para pintar. No añadas color al 4.

5. Vierte las mezclas en moldes para pastel de 22 cm de diámetro previamente engrasados y enharinados, y hornea durante 20 minutos o hasta que, al insertar un palillo, éste salga limpio. Deja enfriar y desmolda.

6. Para el betún, acrema la mantequilla con el azúcar glas, luego agrega la esencia de vainilla y la crema para batir.

7. Divide el betún en 4 recipientes y pinta uno con 3 gotitas de colorante, otro con 2 y el tercero con 1; deja el cuarto sin color. Mezcla muy bien y refrigera el betún por 10 minutos antes de usar.

8. Arma el pastel en capas empezando con el color más oscuro hasta abajo y terminando con el más claro. Cubre con el betún utilizando el color más oscuro abajo y el más claro hasta arriba.

9. Pasa suavemente una espátula de 1 cm sobre el pastel formando surcos en la parte superior. Empieza del centro hacia fuera formando una espiral. Refrigera al menos 1 hora antes de servir.

Nuestras obsesiones

Inspiraciones cubiertas
con chocolate o
con sabor a galleta

APRENDE A TEMPERAR EL CHOCOLATE

Temperar es un proceso a través del cual el chocolate se lleva a distintas temperaturas con el objetivo de obtener un color brillante y lograr una textura más crujiente. Esta técnica se utiliza para preparar bombones y otras delicias. Domina la técnica como un experto siguiendo estos pasos:

1. Trocea el chocolate y colócalo dentro de un tazón.

2. Acomoda el tazón sobre una cacerola con agua a fuego bajo. Lo que buscas es fundirlo a baño María. Es importante que el agua no toque el recipiente del chocolate.

3. Si utilizas chocolate amargo, asegúrate de fundirlo a los 55 °C; el chocolate de leche, a los 50 °C; el blanco, a los 40 °C. Recuerda remover lentamente.

4. Vacía el chocolate en un tazón de cristal y mueve constantemente hasta enfriarlo. La otra opción es verterlo sobre una placa de mármol y extenderlo con la ayuda de una espátula escalonada. El chocolate amargo debe alcanzar los 28 °C; el de leche, los 27 °C; el blanco, los 26 °C.

5. Una vez obtenida la temperatura idónea para cada tipo de chocolate, vuelve a calentar a baño María. El chocolate amargo debe llegar a los 31 °C; el de leche, a los 30 °C; el blanco, a los 29 °C, con la finalidad de obtener una cristalización. Enseguida, vierte el chocolate en moldes de policarbonato y deja enfriar a temperatura ambiente.

6. El chocolate estará listo para usarse cuando su textura sea brillante y no contenga grumos.

APRENDE A HACER GANACHE

La ganache de chocolate otorga consistencia cremosa y sabor chocolatoso a los postres, ... ¡por eso la amamos! Emplea esta técnica siempre que quieras rellenar pasteles, tartas y panes. Además, es súper fácil de hacer.

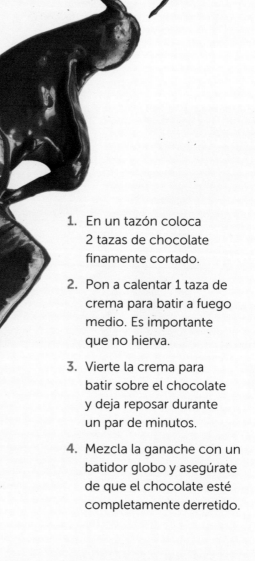

1. En un tazón coloca 2 tazas de chocolate finamente cortado.

2. Pon a calentar 1 taza de crema para batir a fuego medio. Es importante que no hierva.

3. Vierte la crema para batir sobre el chocolate y deja reposar durante un par de minutos.

4. Mezcla la ganache con un batidor globo y asegúrate de que el chocolate esté completamente derretido.

PASTEL DE CHOCOLATE SORPRESA

⏱ 2 h 5 min
👤 10 porciones
☆ Dificultad media

INGREDIENTES

8 cdas. de mantequilla a temperatura ambiente (120 g)

1 taza de azúcar (200 g)

4 piezas de huevo (240 g)

1 taza de chocolate amargo derretido (250 ml)

1 cda. de esencia de vainilla (15 ml)

2 tazas de harina previamente cernida (250 g)

2 cdtas. de polvo para hornear previamente cernido (8 g)

1 pizca de sal

1 taza de crema ácida (225 g)

1 taza de agua tibia (250 ml)

Para la crema de mantequilla

1½ tazas de chocolate semiamargo picado en trozos pequeños (255 g)

2 cdas. de café (8 g)

2½ tazas de mantequilla (500 g)

5 claras de huevo (200 g)

1 taza de azúcar (200 g)

Para decorar

Dulces de chocolate

PREPARACIÓN

1. Precalienta el horno a 180 °C.

2. En una batidora con aditamento de pala, bate la mantequilla con el azúcar a velocidad media por aproximadamente 6 minutos. Cuando la mantequilla se aclare y tengas una textura ligeramente esponjada, baja la velocidad y añade uno a uno los huevos; sigue batiendo a velocidad media hasta integrar.

3. Sin dejar de batir, vierte el chocolate derretido y la esencia de vainilla en forma de hilo. Añade la harina, el polvo para hornear, la sal y la crema ácida. Integra poco a poco el agua y termina de batir hasta obtener una mezcla homogénea, ligeramente espesa y sin grumos.

4. Vierte la mezcla en un molde circular de 20 cm de diámetro previamente engrasado y con papel encerado en el fondo. Hornea por 45 minutos a 180 °C o hasta que, al pinchar con un palillo de madera al centro del bizcocho, éste salga limpio. Corta en 2 partes. Reserva.

5. Una vez que salga del horno, desmolda y deja enfriar. Corta de manera horizontal en 2 partes y reserva.

6. Mientras el bizcocho se hornea, prepara la crema de mantequilla. Coloca en un tazón el chocolate junto con el café y ponlo en un baño María, pero a fuego apagado; es decir, sólo coloca el bowl sobre una ollita con suficiente agua caliente; el vapor ayudará a derretir e integrar los ingredientes. Mezcla constantemente hasta obtener una mezcla homogénea. Retira del calor, agrega la mantequilla suave y mezcla hasta obtener una mezcla brillante. Reserva.

7. Mezcla en un tazón las claras con el azúcar; coloca nuevamente en un baño María a fuego apagado y mueve constantemente con ayuda de un batidor de globo hasta que el azúcar se disuelva. No dejes de mover, ya que esto ayudará a que las claras no se cocinen. Una vez disuelto el azúcar, bate las claras con aditamento de globo a velocidad alta hasta levantar y formar un merengue brillante.

8. Integra la mezcla de chocolate al merengue de manera envolvente con una espátula de silicón. Después coloca en una manga con duya.

9. Forma el pastel, unta el betún sobre una mitad del bizcocho hasta cubrir la superficie, coloca la segunda capa de bizcocho y cubre el pastel con betún; alisa con ayuda de una espátula siliconada. Decora con chocolates. Refrigera y disfruta.

GALLETAS CON CHISPAS DE CHOCOLATE

⏱ 35 min
👤 6 porciones
☆ Dificultad baja

INGREDIENTES

½ taza de mantequilla suave a temperatura ambiente (100 g)

½ taza de azúcar mascabado húmedo (90 g)

½ taza de azúcar refinada (100 g)

1 pieza de huevo (60 g)

1 cdta. de extracto de vainilla (5 ml)

1¼ tazas de harina (155 g)

¼ cdta. de bicarbonato de sodio (1 g)

½ cdta. de sal (3 g)

1½ tazas de chispas de chocolate (300 g)

PREPARACIÓN

1. Precalienta el horno a 180 °C.

2. Bate la mantequilla con el azúcar mascabado y refinado, luego agrega el huevo y el extracto de vainilla. Cierne y agrega la harina, el bicarbonato la sal y las chispas de chocolate; bate sólo hasta incorporar.

3. Porciona la masa de galletas y bolea; deja enfriar. Distribuye las piezas en una charola y asegúrate de que haya distancia entre cada una (3 cm); presiona un poco en la parte media y hornea 15 minutos a 180 °C.

4. Deja enfriar y sirve las galletas con tu bebida favorita.

TAMALES DE CHOCOLATE DE MESA

⏱ 1 h 30 min
👤 8 porciones
☆ Dificultad media

INGREDIENTES

Hojas de maíz para tamales (totomoxtle)
Agua caliente
1 taza de media crema (225 g)
3 tablillas de chocolate de mesa (270 g)
1¾ tazas de harina de maíz para tamal (175 g)
¼ taza de cocoa (23 g)
2 cdtas. de polvo para hornear (8 g)
½ cdta. de sal (3 g)
¾ taza de mantequilla (180 g)
1¼ tazas de leche tibia (312 ml)

Para decorar
Leche condensada

PREPARACIÓN

1. Remoja las hojas de maíz en agua caliente por 15 minutos o hasta que se suavicen. Escurre y seca.

2. En una olla a fuego medio, calienta la media crema con el chocolate de mesa y cocina sin dejar de mover, hasta que el chocolate se funda; deja enfriar.

3. En un bowl mezcla la harina para tamal con la cocoa, el polvo para hornear y la sal.

4. En la batidora con aditamento de globo, bate la mantequilla hasta que esté cremosa, entonces agrega la mezcla de harina, la leche y el chocolate de mesa disuelto alternadamente, hasta integrar por completo.

5. Unta una cucharada de la mezcla en una hoja de maíz y cierra a manera de tamal; repite hasta terminar con la masa.

6. Coloca en una vaporera con agua; tapa y cocina por 1 hora o hasta que la masa se despegue de las hojas.

7. Deja reposar 10 minutos antes de servir y decora con la leche condensada.

PASTEL DE MOKA EN ESTUFA

⏱ 3 h 45 min
👤 10 porciones
☆ Dificultad media

INGREDIENTES

6 piezas de huevo (360 g)
1¾ tazas de azúcar (350 g)
3 tazas de harina previamente cernida (375 g)
1½ cdas. de polvo para hornear previamente cernido (20 g)
½ taza de cocoa en polvo previamente cernida (47 g)
1 taza de chocolate semiamargo derretido (250 ml)
⅔ taza de aceite vegetal (166 ml)
1½ cdas. de esencia de vainilla (22 ml)
1½ tazas de leche (375 ml)
6 cdas. de café soluble (24 g)
Mantequilla derretida para engrasar

Para el betún
3 tazas de crema para batir (750 ml)
1 taza de azúcar glas (140 g)
4 cdas. de cocoa en polvo (20 g)
1½ cdas. de café soluble (9 g)

Para decorar
Granos de café

PREPARACIÓN

1. Licúa los huevos con el azúcar, la harina, el polvo para hornear, la cocoa en polvo, el chocolate derretido, el aceite vegetal, la esencia de vainilla, la leche y el café soluble hasta integrar por completo; si es necesario, divide la mezcla en 2 partes para lograr que los ingredientes se integren mejor. Una vez que la mezcla no tenga grumos y se vea uniforme, estará lista.

2. Divide la mezcla en 3 partes iguales. Engrasa un sartén de teflón de 21 centímetros de diámetro, vierte una de las mezclas del bizcocho, tapa y cocina a fuego muy bajo por 35 minutos. Si es necesario, coloca un comal debajo del sartén para evitar que el fuego sea muy directo. Notarás que el bizcocho está listo cuando coloques un palillo de madera al centro y éste salga limpio. Repite hasta terminar con la mezcla. Deja enfriar y reserva.

3. Mientras que el bizcocho se cocina, prepara el betún. En un tazón bate la crema para batir con un batidor de globo hasta doblar su tamaño, agrega el azúcar glas e integra. Divide la mezcla en dos. Pinta una porción con cocoa en polvo y café soluble hasta integrar por completo. Reserva.

4. Arma tu pastel. Coloca betún de café en la superficie de una pieza de bizcocho hasta cubrir muy bien, tapa con el segundo bizcocho y repite cubriendo la superficie con betún de café; vuelve a tapar con el tercer bizcocho. Deberás obtener un pastel de 3 pisos. Ahora cubre todo el bizcocho con el betún blanco y, de la mitad hacia abajo, coloca un poco del betún de café que sobró; con ayuda de una cuchara haz pequeñas ondas irregulares por todo el pastel para darle forma. Refrigera por unos minutos. Sirve bien frío, y decora con granos de café tostado si lo deseas.

PASTEL ÓPERA

- ⏱ 3 h 30 min
- 👤 10 porciones
- ★ Dificultad alta

INGREDIENTES

Para el bizcocho

1⅓ tazas de almendra
en polvo (200 g)

½ taza de harina (60 g)

1⅓ tazas de azúcar glas (186 g)

6 piezas de huevo (360 g)

4 claras de huevo (160 g)

¼ taza de azúcar (50 g)

3½ cdas. de mantequilla
derretida (52 ml)

1 taza de licor de café (250 ml)
para bañar el bizcocho

Para la crema de mantequilla

5 yemas de huevo (100 g)

¾ taza de azúcar (150 g)

3 cdas. de agua (45 ml)

2 cdas. de café instantáneo (8 g)

1¼ tazas de mantequilla
suave (260 g)

Para la ganache

3 tazas de chocolate amargo
finamente picado (510 g)

1½ tazas de crema para
batir (375 ml)

1 cda. de mantequilla
derretida (15 ml)

Para el glaseado

1½ tazas de chocolate
amargo derretido (375 ml)

2 cdas. de aceite vegetal (30 ml)

Para decorar

Chocolate derretido

Polvo de oro

PREPARACIÓN

1. Para el bizcocho, con la ayuda de un colador, cierne en un tazón la almendra en polvo, la harina y el azúcar glas; agrega los huevos y bate con batidor de mano. Reserva.

2. Bate las claras con el azúcar refinada a punto de turrón, hasta que la textura se vea tersa y brillante.

3. Añade las claras a la preparación de harina e incorpora de manera envolvente.

4. Extiende uniformemente la mezcla del bizcocho en 3 charolas con papel antiadherente; deben quedar de un grosor de 1 cm.

5. Hornea a 180 °C por 15 minutos aproximadamente; retira del horno y deja enfriar a temperatura ambiente. Reserva.

6. Para la crema de mantequilla, mezcla el azúcar con el agua y el café soluble en una olla; calienta a temperatura media baja y cocina hasta que alcance una temperatura de 115 °C (a este proceso de cocción del azúcar se le llama bola suave).

7. Mientras se cocina el azúcar, bate las yemas por 5 minutos aproximadamente hasta que esponjen y se vean de un color amarillo pálido.

8. Una vez que esté el azúcar a la temperatura requerida (115 °C) y las yemas esponjadas, vierte el azúcar cocido poco a poco a las yemas mientras se siguen batiendo.

9. Una vez que hayas terminado y la mezcla esté fría, agrega poco a poco la mantequilla a temperatura ambiente, con una textura que parezca pomada, y continúa batiendo hasta incorporar por completo. Cuando se haya formado la crema, resérvala a temperatura ambiente.

10. Para la ganache, mezcla la crema para batir con el chocolate y calienta en microondas por periodos de 30 segundos hasta completar 1.5 minutos aproximadamente; entre cada periodo mueve el chocolate y la crema para que se vayan incorporando (la textura debe quedar cremosa). Si requiere más o menos tiempo, revísalo de acuerdo con la potencia del microondas que utilices. Retira y reserva.

11. Para el glaseado, mezcla el chocolate derretido con el aceite vegetal. Reserva.

12. Para el armado, corta los bizcochos en un cuadrado mediano perfecto de 20 x 20 cm aproximadamente.

13. Coloca uno de los bizcochos como base y baña con un poco de licor de café; posteriormente extiende una capa de crema de mantequilla de aproximadamente ½ cm.

14. Coloca encima otra plancha de bizcocho y baña nuevamente con licor de café; posteriormente extiende una capa de ganache de chocolate de ½ cm.

15. Repite la operación del bizcocho, licor de café y crema de mantequilla por última vez. Refrigera por 1 hora o hasta que el pastel esté firme.

16. Una vez que el pastel esté bien frío, baña la superficie con el glaseado que preparaste y vuelve a refrigerar por 10 minutos.

17. Decora creando un diseño sobre el pastel con chocolate derretido y espolvorea con polvo dorado.

SOUFFLÉ DE CHOCOLATE AMARGO

⏱ 55 min
👤 8 porciones
✩ Dificultad media

INGREDIENTES

½ taza de chocolate amargo (85 g)
2½ cdas. de mantequilla (37 g)
1 yema de huevo (20 g)
¼ taza de azúcar (50 g)
1½ cdas. de cocoa en polvo (7 g)
1 pizca de sal
4 claras de huevo (160 g)

Para engrasar
Mantequilla
Azúcar refinada

PREPARACIÓN

1. Precalienta el horno a 200 °C.
2. Engrasa con mantequilla y azúcar los 3 moldes tipo ramequín y reserva en refrigeración.
3. Coloca el chocolate en un bowl y derrite en microondas en lapsos de 20 segundos; agrega la mantequilla y mezcla.
4. En un bowl, bate la yema con el azúcar hasta que cambie ligeramente de color, luego agrega poco a poco el chocolate derretido y la cocoa hasta incorporar. Reserva.
5. En un bowl limpio y seco, bate las claras hasta que estén a punto de turrón y reserva.
6. Agrega las claras de huevo a la preparación de chocolate y mezcla de manera envolvente para no bajar el volumen.
7. Vierte en los moldes ramequín, hornea de 12 a 15 minutos y sirve inmediatamente.

El decálogo
de la galleta perfecta

Sólo un uso correcto de los ingredientes, los tiempos y las temperaturas logra unas galletas de consistencia suave pero crocante. En las cocinas de kiwilimón realizamos algunas pruebas para determinar cómo sería la ecuación de una galleta perfecta. El resumen de nuestros hallazgos está plasmando en este decálogo.

1

Una buena harina hará la diferencia. El tema con ésta es el gluten: entre menos gluten tenga menos proteína desarrollará y, por lo tanto, el resultado será unas galletas más suaves.

2

Saca la mantequilla del refrigerador unos veinte minutos antes de comenzar a cocinar de forma que vaya adquiriendo la temperatura del ambiente.

3

Tan sólo hay que mezclar —no batir— para obtener unas galletas perfectas. Si la masa se manipula demasiado, se despertará a la bestia del gluten y con ella las galletas que parecen rocas.

4

Depende de cada receta, pero, en general, integra los ingredientes en este orden: mantequilla a temperatura ambiente, cada uno de los huevos, el azúcar (una mezcla de 60% azúcar blanca y 40% azúcar mascabado será genial), la harina y el polvo para hornear cernidos, y una pizca de sal.

5

Una vez integrada la masa hay que convertirla en una bola y envolverla en plástico adherente.

6

Lo mejor es refrigerar la masa toda la noche o al menos un par de horas antes de su cocimiento para poder manipularla correctamente.

7

Al momento de estirar la masa, ejerce la presión suficiente para no tener que pasar muchas veces el rodillo. Esto evitará que la masa se caliente y comience a suavizarse. Recuerda no usar demasiada harina al amasar porque tus galletas podrían agrietarse.

8

Si tu mezcla es demasiado suave, ocupa un scoop para no tener que tomarla con las manos. En este caso, lo mejor es llevar la charola a congelación antes de hornear.

9

No hay que dejarse engañar por la apariencia: sabrás que tus galletas ya están listas cuando la parte inferior está ligeramente doradita. La recomendación es hornear las galletas tipo danesas a 160 °C; las de mantequilla, a 170 °C; las más grandes, como las de chocochips, a 180 °C. La regla es simple: entre más cantidad de mantequilla lleva la receta, menor temperatura deberá tener el horno.

10

Una vez fuera del horno, coloca las galletas sobre una rejilla para enfriarlas. Es aquí donde adquirirán esa consistencia crujiente que las distingue.

BESITOS DE NUEZ

⏱ 35 min
👤 30 porciones
☆ Dificultad baja

INGREDIENTES

1½ tazas de mantequilla suave, a temperatura ambiente (300 g)

¾ taza de azúcar glas (105 g)

2 cdtas. de esencia de vainilla (10 ml)

1 cdta. de sal (6 g)

2 tazas de harina (250 g)

1 taza de nuez tostada y picada en trozos pequeños (100 g)

Azúcar glas

PREPARACIÓN

1. Precalienta el horno a 180 °C.

2. En un recipiente y con la ayuda de una espátula, mezcla la mantequilla suave con el azúcar glas y la esencia de vainilla. Luego, agrega la harina y la sal poco a poco; por último, añade la nuez e integra perfectamente.

3. Refrigera por 20 minutos para que la masa tome la consistencia adecuada y así puedas manipularla.

4. Con tus manos forma bolitas de aproximadamente 10 gramos y colócalas espaciadas en una charola previamente engrasada y enharinada; hornea por 20 minutos a 180 °C.

5. Una vez que las retires, deja enfriar y revuélcalas en azúcar glas. ¡Disfruta!

GALLETAS DE AVENA

⏱ 38 min
👤 4 porciones
☆ Dificultad baja

INGREDIENTES

2 tazas de harina (250 g)

1 cdta. de bicarbonato
de sodio (4 g)

1 cdta. de canela
en polvo (4 g)

½ cdta. de sal (3 g)

1⅛ tazas de mantequilla sin
sal, en cubos y a temperatura
ambiente (225 g)

½ taza de azúcar
mascabado (90 g)

½ taza de azúcar
refinada (100 g)

2 piezas de huevo
a temperatura
ambiente (120 g)

1 cdta. de esencia
de vainilla (5 ml)

2 tazas de avena (200 g)

½ taza de arándano
seco (75 g)

¼ taza de coco rallado (25 g)

¼ taza de nuez pecana
picada (25 g)

¼ taza de pasas (38 g)

PREPARACIÓN

1. Precalienta el horno a 180 °C. Engrasa
    con mantequilla unas charolas para
    hornear, cubre con papel pergamino
    o papel para hornear y reserva.

2. En un tazón mediano, cierne la harina
    junto con el bicarbonato de sodio;
    agrega la canela en polvo y la sal;
    mezcla con una palita hasta integrar.

3. En otro tazón grande mezcla la mantequilla
    con el azúcar mascabado y el azúcar
    refinada a velocidad alta con la ayuda
    de una batidora de mano, hasta obtener
    una consistencia suave y esponjosa;
    esto tardará entre 3 y 6 minutos.

4. Agrega una a una las piezas de huevo y
    la esencia de vainilla. Asegúrate de raspar
    los bordes del tazón con una espátula
    y mezclar antes de cada adición.

5. Integra la mezcla de harina poco a poco,
    sigue batiendo a velocidad baja; asegúrate
    de que los ingredientes comiencen a
    combinarse. Una vez que tengas una
    mezcla homogénea, integra con una pala
    de madera o silicón la avena, el arándano
    seco, el coco rallado, la nuez y las pasas.
    Una vez lista la masa, tapa con plástico
    adherente y refrigera durante 15 minutos.

6. Con tus manos limpias, toma una porción
    de la masa del tamaño de una pelota de
    ping-pong; aplasta la bolita con tu otra
    mano y dale forma de galleta. Colócalas
    en una charola con papel encerado,
    otorgándoles suficiente espacio, pues tus
    galletas se extenderán. Hornea a 180 °C
    por 18 minutos. Una vez que salgan del
    horno, déjalas enfriar antes de disfrutar.

GALLETAS DANESAS

⏱ 30 min
👤 8 porciones
☆ Dificultad media

INGREDIENTES

1¼ tazas de mantequilla salada (260 g)
1 taza de azúcar glas (140 g)
1 pieza de huevo batido (60 g)
1 cdta. de esencia de vainilla (5 ml)
2¼ de tazas de harina (280 g)
¾ de taza de fécula de maíz (70 g)
2 cdas. de leche en polvo (20 g)

PREPARACIÓN

1. Precalienta el horno a 160 °C.
2. Con una batidora con aditamento de pala, suaviza la mantequilla y luego agrega el azúcar glas; continúa batiendo hasta incorporar. Después añade el huevo y bate hasta integrar.
3. Con ayuda de un colador, cierne y agrega la harina, la fécula de maíz y la leche en polvo; mezcla con ayuda de una espátula hasta obtener una masa cremosa y suave.
4. Coloca la masa en una manga con duya rizada y forma rosetones sobre una charola con papel encerado.
5. Hornea por 10 minutos. Coloca en una rejilla, deja enfriar y sirve.

Sabores
mexicanos

El lado dulce
de la cocina
tradicional

Historia de los postres mexicanos

BUÑUELOS

Antojitos navideños que mezclan harina de trigo, huevo, agua, sal y manteca de cerdo, que se fríen y espolvorean con azúcar, miel o piloncillo.

CAPIROTADA

Postre típico de Semana Santa. Es un budín elaborado con pan viejo bañado en piloncillo, aromatizado con canela y clavo.

ALEGRÍAS

Es un dulce de amaranto tostado con miel, azúcar o piloncillo, considerado el más antiguo de México.

CALAVERA DE AZÚCAR

Este dulce mexicano es el más popular del Día de Muertos. Hay de azúcar, chocolate, amaranto, nuez o pepita de calabaza.

CAMOTE

Tubérculo popular de las culturas mesoamericanas. En todo México se preparan diferentes tipos de dulce de camote, en papillas, con azúcar, miel, piloncillo y otras frutas.

Los dulces en México estuvieron presentes desde antes de que llegara el azúcar, a través de frutas y mieles. Después, el sincretismo gastronómico permitió la convivencia y evolución de postres provenientes del mundo, pero con sabores mexicanos. Aquí te presentamos algunos de los más representativos:

COYOTA

Significa hija de india y español, y es uno de los postres más célebres de Sonora. Se elabora con harina de trigo, manteca, sal y azúcar.

DULCE DE CALABAZA O CALABAZA EN TACHA

Es una de las preparaciones más populares para las ofrendas del Día de Muertos. Se hace con calabaza de Castilla, cocida en miel de piloncillo con canela.

MARQUESITAS

Postre yucateco que se rellena con queso bola holandés. Se cuenta que su origen se remonta a 1930.

  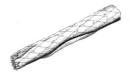

COCADAS

Dulce de coco con azúcar o piloncillo de una amplia diversidad de colores, sabores y formas de prepararse.

JERICALLA

Postre jalisciense que mezcla leche, canela, azúcar, huevo y vainilla.

PALANQUETA

Dulce mexicano elaborado con frutas o semillas y cubierto con caramelo. La palabra "palanqueta" deriva de la voz náhuatl *papaquili*, que significa "feliz o alegre", de acuerdo con la UNAM.

CAMOTES Y PLÁTANOS DEL CARRITO

⏱ 1 h 10 min
👤 4 porciones
☆ Dificultad media

INGREDIENTES

1 naranja (250 g)
1 toronja (300 g)
1 limón (30 g)
3 cdas. de azúcar (36 g)
1 pieza de anís estrella
1 raja de canela
1 pieza de camote
1 pieza de plátano macho
Leche condensada al gusto
Canela en polvo al gusto

PREPARACIÓN

1. Precalienta el horno a 200 °C.

2. Sobre una tabla y con la ayuda de un cuchillo, pela la piel de la naranja, la toronja y el limón. Reserva la pulpa, pues puede ser utilizada en otras preparaciones.

3. Esparce el azúcar sobre una charola con aluminio y coloca el anís estrella, la canela en raja y la piel de los cítricos que cortaste en el paso anterior; acomoda una rejilla encima, y sobre ella, los camotes y los plátanos machos con cáscara.

4. Mete la charola que preparaste al horno y cocina por aproximadamente una hora. La textura interna del camote y del plátano debe ser suave y el exterior quemadito.

5. Pela los plátanos y los camotes, y sirve calientitos acompañados de leche condensada y canela.

GAZNATES Y PEPITORIAS

🕐 40 min
👤 30 porciones
★ Dificultad alta

INGREDIENTES

Para los gaznates

5 tazas de harina (625 g)

1 cda. de sal (20 g)

2 cdas. de azúcar (24 g)

1 taza de mantequilla derretida (250 ml),

1 taza de vino blanco (250 ml aprox.)

Huevo

Aceite vegetal

Para el merengue

5 claras de huevo (200 g)

1 taza de azúcar (200 g)

Colorante vegetal rosa

Chochitos de colores

Para las pepitorias

1 paquete de obleas de colores (260 g)

2 tazas de piloncillo granulado (220 g)

½ taza de agua (125 ml)

Pepitas

PREPARACIÓN

1. Para la masa de los gaznates, en un bowl o sobre una superficie lisa, mezcla la harina con la sal y el azúcar, y forma un volcán; agrega poco a poco la mantequilla y el vino, e incorpora. Trabaja la masa hasta obtener una textura lisa. Cubre la masa con una película plástica y deja reposar por 15 minutos mínimo.

2. Una vez reposada la masa, estírala a un grosor aproximado de 2 mm y corta rectángulos de 15 cm por 10 cm.

3. Forra cilindros de madera con aluminio y enrolla la masa alrededor de ellos; pega la punta con huevo y repite esta operación con el resto de la masa.

4. En una olla semiprofunda, calienta el aceite a temperatura media y fríe la masa en los cilindros por 3 minutos aproximadamente o hasta que estén ligeramente dorados. Escurre el exceso de aceite con la ayuda de papel absorbente; retira el cilindro y reserva los gaznates.

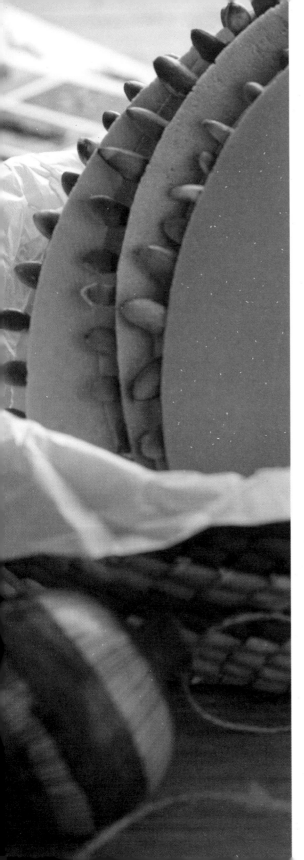

5. Para el merengue, calienta todos los ingredientes (claras, azúcar y colorante) en baño María y remueve por 2 minutos (la mezcla debe alcanzar 55 °C). Retira del baño María y bate a velocidad rápida hasta que se enfríe completamente.

6. Pasa el merengue a una manga pastelera o a una bolsa hermética resistente con una duya rizada y rellena los gaznates.

7. Cubre los extremos del gaznate donde sale el merengue con chochitos de colores. Están listos para disfrutar.

8. Para las pepitorias, corta las obleas por la mitad y reserva.

9. En una ollita calienta el piloncillo y el agua por 20 minutos hasta tener una miel semilíquida.

10. Tuesta las pepitas en un sartén por 5 minutos o hasta que inflen.

11. Con ayuda de una cuchara vierte la miel sobre una oblea, coloca las pepitas tostadas en el borde y tapa con otra oblea para formar los abanicos. Están listos para disfrutar.

CHONGOS ZAMORANOS

⏱ 2 h 20 min
👤 8 a 10 porciones
☆ Dificultad baja

INGREDIENTES

8 tazas de leche entera (2 l)
3 tazas de azúcar (600 g)
2 rajas de canela (20 g)
3 cdas. de piloncillo rallado (36 g)
2 piezas de limón (jugo)

PREPARACIÓN

1. Calienta en una olla la leche con el azúcar, la canela y el piloncillo hasta que todos los ingredientes suelten su aroma, pero sin que la leche llegue a punto de ebullición.

2. Agrega el jugo de limón e incorpora a la mezcla para que la leche cuaje. Cocina sin mover durante 2 horas hasta que los chongos tomen un color ámbar.

3. Retira los chongos de la olla, cuela, sirve con un poco del líquido y acompaña con unas varitas de canela.

DULCE DE CALABAZA EN TACHA

⏱ 1 h 5 min
👤 6 porciones
☆ Dificultad baja

INGREDIENTES

3 tazas de agua (750 ml)

1 taza de jugo de naranja (250 ml)

1 taza de piloncillo (110 g)

1 taza de azúcar (200 g)

1 raja de canela (10 g)

2 piezas de anís estrella (2 g)

2 piezas de clavo (1 g)

3 tazas de calabaza de Castilla cortada
en trozos (900 g)

1 taza de guayaba cortada en trozos (300 g),
cortada en trozos

PREPARACIÓN

1. Calienta en una ollita el agua
   con el jugo de naranja y deja que
   hierva por 5 minutos, entonces
   añade el piloncillo, el azúcar, la
   canela, el clavo y el anís estrella.
   Cocina por 15 minutos más o
   hasta que reduzca ligeramente.

2. Agrega la calabaza de Castilla
   y la guayaba, y cocina por 45
   minutos; mueve constantemente
   para evitar que se queme.

3. Deja enfriar ligeramente,
   sirve y disfruta.

PAN DE FERIA

PAN DE FERIA

⏱ 2 h 35 min
👤 6 porciones
☆ Dificultad media

INGREDIENTES

4 tazas de harina (500 g)
1 cdta. de sal (6 g)
1 cda. de levadura en polvo (11 g)
¾ taza de azúcar (150 g)
2 piezas de huevo (120 g)
1 taza de nata (250 g)
½ taza de mantequilla (100 g)
¼ taza de leche (60 ml)
1 cda. de esencia de vainilla (15 ml)
1 taza de crema pastelera (250 g)
1 pieza de huevo (60 g)
Ajonjolí
Nueces finamente picadas

PREPARACIÓN

1. En un bowl mezcla la harina con la sal, la levadura en polvo, el azúcar, el huevo y comienza a amasar hasta integrar; agrega poco a poco la nata, la mantequilla, la leche, la esencia de vainilla y continúa amasando hasta tener una masa elástica y homogénea.

2. Coloca la masa en un bowl previamente engrasado; cubre con plástico adherente y deja reposar para que fermente por 1 hora, o bien, hasta que duplique su volumen.

3. Poncha la masa, colócala sobre una superficie enharinada y divídela en tres; con ayuda de tus manos haz tres rollos, une las puntas y forma una trenza. Coloca el pan sobre una charola y reserva.

4. Con ayuda de un palo de madera, presiona la parte central de la trenza y agrega ahí la crema pastelera. Barniza con huevo y espolvorea con ajonjolí. Deja reposar para que fermente por 15 minutos y hornea por 35 minutos a 180 °C.

5. Deja enfriar, decora con nuez y disfruta.

FLAN DE CEMPASÚCHIL

⏱ 1 h 20 min
👤 8 a 10 porciones
☆ Dificultad media

INGREDIENTES

2 tazas de flores de cempasúchil orgánicas
1½ tazas de leche evaporada (360 g)
1 taza de leche condensada (375 g)
1 taza de leche entera (250 ml)
1 taza de queso crema (190 g)
4 piezas de huevo (240 g)
1 cdta. de ralladura de naranja (2 g)
1 taza de azúcar (200 g)
Para decorar
Flores de cempasúchil orgánicas
Pepitas de calabaza

PREPARACIÓN

1. Precalienta el horno a 180 °C.

2. Quita los pétalos de las flores de cempasúchil.

3. Calienta la leche evaporada, la leche condensada, la leche entera y el queso crema en una olla a temperatura media/baja; agrega los pétalos de flores de cempasúchil y calienta por 5 minutos. Este paso funciona para

infusionar los sabores de las flores en la leche Retira del calor y deja reposar por 15 minutos aproximadamente hasta enfriar.

4. Licúa por 3 minutos las leches con las flores, el huevo y la ralladura de naranja.

5. Calienta el azúcar en una olla a temperatura media hasta formar un caramelo; luego viértelo en el molde donde hornearás el flan y deja enfriar.

6. Agrega la mezcla de flan y hornea a baño María, tapado, por 1 hora a 200 °C. Retira del horno y deja enfriar.

7. Desmolda sobre un platón y decora con flores de cempasúchil y pepitas de calabaza.

JERICALLAS

🕐 1 h 20 min
👤 6 porciones
☆ Dificultad media

INGREDIENTES

⅔ taza de leche evaporada (160 g)
1½ tazas de leche entera (375 ml)
⅓ taza de azúcar (60 g)
1 cdta. de esencia de vainilla (5 ml)
1 raja de canela (10 g)
3 huevos chicos (180 g)
1 yema de huevo (20 g)
Agua caliente

PREPARACIÓN

1. Precalienta el horno a 180 °C.
2. Calienta en una ollita la leche evaporada con la leche entera, el azúcar, la vainilla y la canela a temperatura alta por 5 minutos. Baja la temperatura, cocina por 15 minutos más y deja enfriar.
3. Bate muy bien los huevos y la yema e incorpora a la mezcla de la leche.
4. Cuela y coloca en recipientes individuales aptos para horno. Coloca los recipientes en un refractario y agrega agua caliente.
5. Hornea a 180 °C en baño María, por 35 minutos. Deja enfriar, sirve y disfruta.

HELADO DE MAZAPÁN

⏱ 8 h 10 min
👤 6 porciones
☆ Dificultad baja

INGREDIENTES

2 tazas de crema para batir (500 ml)
1 taza de leche condensada (375 g)
¼ taza de mazapán (60 g)
2 cdas. de cacahuate tostado (30 g)

Para decorar
Cacahuates tostados

PREPARACIÓN

1. Licúa la crema para batir con la leche condensada, el mazapán y el cacahuate tostado por 3 minutos.

2. Vierte en un recipiente y congela por al menos 8 horas. Mientras está en congelación, mueve de vez en cuando para incorporar aire a la mezcla.

3. Saca del congelador y sirve con cacahuates tostados.

¡A cuidarse!

El postre y la salud
hicieron las paces

La magia de hacer tus postres más nutritivos y menos calóricos

Los postres son parte de nuestra vida: pueden hacernos felices de un bocado y reconfortarnos cuando lo necesitamos. Prepararlos nosotros mismos nos ayuda a tener control sobre porciones e ingredientes, así que no tienen que estar peleados con una alimentación balanceada. Cambios simples como usar harina de trigo integral o harina de almendras en lugar de trigo blanco procesado pueden ayudarte a aumentar la ingesta de fibra; mientras que la harina de almendras agrega proteína a tu postre, además de que es una opción perfecta para aquellos que son sensibles o alérgicos al gluten.

Tampoco es necesario decirle adiós al chocolate si usas una variedad más oscura para aumentar los antioxidantes, la fibra, el hierro y el zinc, entre otros nutrientes, en lugar del chocolate de leche.

Gina Rangel, health coach y la chef saludable del equipo, nos recomienda buscar un chocolate que esté compuesto de 75% de cacao y sustituir la leche de vaca por leches vegetales, "las ideales son la de avena y la de almendras".

Puedes reemplazar el aceite de canola y el aceite vegetal con puré de manzana sin azúcar, pues éste cumple con

Para Jennifer Asencio, nutrióloga clínica especialista en diabetes y parte de nuestro equipo de especialistas, lo ideal es intentar bajar las calorías por medio de sustituciones fáciles; por ejemplo, preparar un pay de queso con fresas, para el cual puedes usar requesón en lugar de queso doble crema, y evitar las harinas, en lo posible.

la función del aceite de agregar humedad y sabor, y funciona mejor en pasteles, muffins y panes. Usa ¾ de taza de puré de manzana por cada taza de aceite para obtener una opción más ligera y nutritiva.

Por último, si lo que te preocupa es el azúcar, las tres nutriólogas señalan que simplemente tienes que buscar endulzantes más saludables, como estevia, fruta del monje, o incluso preferir endulzar con frutas.

EL TIP

El tip de Mayte Martín del Campo, fundadora de Maks Nutrición y nutrióloga de casa, es controlar la cantidad de azúcar y grasa en la preparación.

CHEESECAKE DE FRUTOS ROJOS BAJO EN AZÚCAR

- ⏱ 3 h 10 min
- 👤 20 porciones
- ☆ Dificultad media

INGREDIENTES

Para la base

1½ tazas de galletas integrales de miel molidas (180 g)

¾ taza de mantequilla derretida (187 ml)

Para el cheesecake

3 tazas de queso crema bajo en grasa (570 g)

4 cdtas. de fruta del monje (20 g)

3 piezas de huevo (180 g)

1½ tazas de crema ácida baja en grasa (338 g)

1 cdta. de vainilla (5 ml)

1 taza de zarzamoras frescas (120 g)

Para la compota

3 tazas de frutos rojos congelados (fresa, moras azules y zarzamoras) (300 g)

¼ taza de jugo de limón (60 ml)

3 cdas. de fruta del monje

Para decorar

Zarzamoras

Flores comestibles

PREPARACIÓN

1. Para la base del cheesecake, precalienta tu horno a 180 °C. Enseguida, mezcla las galletas molidas con la mantequilla derretida. Coloca la mezcla sobre un molde de 25 cm de diámetro y, con ayuda de tus manos, presiona hasta compactar. Hornea por 10 minutos, reserva y deja enfriar.

2. Para el cheesecake, bate el queso crema con la fruta del monje por 2 minutos; el queso debe estar a temperatura ambiente para que se bata con mayor facilidad. Continúa batiendo y agrega las piezas de huevo poco a poco, una por una, hasta que queden incorporadas completamente; añade la crema y la vainilla, y continúa batiendo por 2 minutos más. Reserva en refrigeración.

3. Para armar el cheesecake, vierte la mezcla de queso sobre la base que horneaste hasta llenar el molde a tres cuartos de altura, distribuye las zarzamoras frescas encima y hornea a baño María sin tapar a 180 °C, por 1 hora. Deja reposar a temperatura ambiente por 2 horas y luego refrigera.

4. Para la compota de frutos rojos, calienta en una olla a temperatura media los frutos rojos congelados con el jugo de limón y la fruta del monje hasta obtener una pasta suave (alrededor de 15 minutos), es importante que muevas constantemente. Retira del fuego y deja enfriar a temperatura ambiente.

5. Decora el cheesecake con la compota de frutos rojos, las zarzamoras y las flores comestibles.

TARTA VEGANA DE CHOCOLATE

🕐 2 h 20 min
👤 8 porciones
☆ Dificultad media

INGREDIENTES

Para la base

1 taza de dátiles (195 g)

⅓ taza de aceite de coco fundido (50 ml)

½ taza de cocoa (48 g)

¼ taza de pasas (38 g)

¼ taza de pistaches (28 g)

2 tazas de polvo de almendra (300 g)

Para el relleno

1½ tazas de crema de coco (397 ml)

2 tazas de leche de almendras
(500 ml)

½ taza de dátiles (195 g)

¼ taza de azúcar de coco (50 g)

¾ taza de cocoa en polvo (70 g)

3 sobres de grenetina, hidratada y fundida
(21 g; 1 sobre = 7 g)

2 cdtas. de extracto de vainilla
(10 ml)

½ cdta. de sal (6 g)

Para decorar

Fresa

Frambuesa

Zarzamora

Mora azul

Almendra picada

PREPARACIÓN

1. Para la base, muele en un procesador todos los ingredientes hasta tener una masita.

2. Vierte en un refractario o molde para tarta de 23 cm de diámetro y con ayuda de una miserable, extiende para formar una base. Refrigera.

3. Licúa todos los ingredientes para el relleno y vierte la mezcla en el refractario sobre la base. Refrigera hasta que cuaje.

4. Decora con fresas, frambuesas, zarzamoras, moras y almendras.

DONAS KETO RELLENAS

⏱ 1 h 30 min
👤 8 porciones
⭐ Dificultad media

INGREDIENTES

Para las donas
¼ taza de mantequilla derretida (60 ml)
¼ taza de leche de almendras (63 ml)
2 piezas de huevo (120 g)
1 cdta. de esencia de vainilla (5 ml)
1 taza de harina de almendras (150 g)
⅓ taza de fruta del monje (48 g)
1 cdta. de canela en polvo (4 g)
2 cdtas. de polvo para hornear (8 g)
⅛ cdta. de sal (1 g)
1 taza de mora azul (130 g)

Para el glaseado
½ taza de fruta del monje (80 g)
¾ taza de queso crema (143 g)
¼ taza de mantequilla derretida (60 ml)
1 cdta. de esencia de vainilla (5 ml)
½ taza de leche de almendras (125 ml)

Para barnizar el molde
3 cdas. de mantequilla derretida (45 ml)

Para decorar
Mora azul

PREPARACIÓN

1. Precalienta el horno a 180 °C.
2. Mezcla en un bowl la mantequilla derretida con la leche de almendras, el huevo y la esencia de vainilla hasta tener una consistencia homogénea.
3. En otro recipiente, cierne la harina de almendras, la fruta del monje, la canela en polvo, el polvo para hornear y la sal; mezcla perfectamente.
4. Incorpora los ingredientes secos a los líquidos y mezcla con ayuda de un batidor globo.
5. Engrasa el molde para donas con la mantequilla y vierte 2 cucharadas de la mezcla; coloca moras y cubre con más mezcla de dona hasta llegar casi al borde, pero deja aproximadamente 1 cm libre.
6. Hornea 30 minutos a 180 °C. Retira del horno y deja enfriar.
7. Para el glaseado, bate el queso crema con la mantequilla derretida, la fruta del monje, la esencia de vainilla y la leche de almendras. Pasa las donas por el glaseado y deja que se sequen.
8. Sirve, decora con moras azules y disfruta.

PALETAS DE FRUTAS NATURALES

⏱ 8 h 30 min
👤 8 porciones
☆ Dificultad baja

INGREDIENTES

2 tazas de agua de coco (500 ml)
1 cdta. de estevia (5 g)
1 taza de kiwi cortado en rodajas (120 g)
1 taza de moras azules (120 g)
1 taza de fresas cortadas en láminas (180 g)
1 taza de frambuesas (135 g)
Para decorar
Menta
Para presentar
Hielos

PREPARACIÓN

1. Coloca las frutas en moldes para paletas: en uno las fresas, en otro las moras azules y en otro el kiwi. Si prefieres las puedes mezclar.

2. Mezcla el agua de coco con la estevia y viértela en los moldes de paleta. Congela por 8 horas.

3. Desmolda y presenta sobre una base con hielos. Decora con hojas de menta.

PAY DE LIMÓN SALUDABLE

🕐 2 h 40 min
👤 8 porciones
☆ Dificultad media

INGREDIENTES

Para la base

1 taza de almendras (147 g)

¼ taza de coco rallado (25 g)

1½ tazas de dátiles sin hueso (293 g)

Aceite de coco en aerosol

Para el relleno

2½ tazas de yogurt griego sin azúcar (232 g)

½ taza de requesón bajo en grasa (100 g)

½ taza de leche de coco (125 ml)

½ taza de jugo de limón sin semilla (125 ml)

3 cdas. de miel de abeja (45 ml)

Ralladura de limón

4 sobres de grenetina hidratada y fundida (28g, 1 sobre = 7g)

Para decorar

Limón verde y amarillo en rodajas

Mora azul

PREPARACIÓN

1. Para la base, tritura en un procesador la almendra junto con el coco rallado y el dátil por 5 minutos, hasta obtener una mezcla pastosa.

2. Engrasa un molde de tarta con aceite en aerosol de coco, coloca plástico adherente y vierte la mezcla de frutos secos; presiona con tu mano hasta compactar y refrigera por 20 minutos o hasta que la mezcla endurezca. Reserva.

3. Licúa a velocidad media el yogurt griego con el requesón, la leche de coco, el jugo de limón, la miel de abeja y la ralladura hasta integrar; baja la velocidad de la licuadora, abre la tapa y vierte la grenetina hidratada en forma de hilo; sigue licuando hasta integrar por completo.

4. Vierte la mezcla anterior sobre la base de semillas compactada y refrigera hasta cuajar.

5. Una vez cuajado el pay de limón, decora con rodajas de limón y mora azul. Sirve bien frío.

En frío

La magia de la nevería llegó a casa

CHAMOYADA
DE TAMARINDO

⏱ 10 min
👤 2 porciones
☆ Dificultad baja

INGREDIENTES

Para escarchar
Chamoy líquido
Chile en polvo
Para la chamoyada
3 tazas de hielo (600 g)
2 tazas de concentrado
de tamarindo (570 ml)
½ taza de azúcar (100 g)
1 cda. de jugo de limón (15 ml)
Para decorar
Gomitas de chamoy
Dulces enchilados
Chamoy líquido

PREPARACIÓN

1. Escarcha el vaso con
   chamoy y chile en polvo.
2. Licúa el hielo con el concentrado
   de tamarindo, el azúcar y el
   jugo de limón hasta obtener una
   mezcla tersa; vierte de inmediato
   en el vaso que escarchaste.
3. Decora con gomitas de
   chamoy, dulces enchilados
   y chamoy líquido.

NIEVE DE FRESA CASERA

⏲ 2 h 30 min
👤 6 porciones
☆ Dificultad baja

INGREDIENTES

4 tazas de agua (1 l)

2 tazas de azúcar (400 g)

1 sobre de grenetina hidratada y fundida (7 g)

3 tazas de fresas congeladas (540 g)

1 taza de fresas naturales (180 g)

PREPARACIÓN

1. Calienta el agua en una ollita a fuego medio. Agrega el azúcar y cocina hasta formar un jarabe, entonces añade la grenetina y disuelve. Retira del fuego y deja enfriar ligeramente.

2. Licúa la mezcla anterior con las fresas congeladas y naturales hasta tener una mezcla homogénea.

3. Bate la mezcla a velocidad baja durante 20 minutos y después congela durante 20 minutos. Vuelve a batir otros 20 minutos y repite el paso hasta que la mezcla comience a solidificar.

4. Por último, congela la mezcla 1 hora hasta que esté completamente sólida. Sirve y disfruta.

PASTEL DE SÁNDWICH HELADO

⏱ 2 h 30 min
👤 6 porciones
⭐ Dificultad alta

INGREDIENTES

1½ tazas de chispas de chocolate amargo (300 g)

2 tazas de leche condensada (750 g)

2 cdas. de vainilla (30 ml)

3 tazas de crema para batir (750 ml)

Para decorar

1 taza de chocolate amargo derretido (250 ml)

Cocoa en polvo

PREPARACIÓN

1. Sobre una olla con poca agua coloca un bowl resistente al calor. Vacía el chocolate amargo y derrítelo a baño María por 10 minutos; mueve constantemente. Cuando esté por completo derretido y brillante, retira de la olla con agua y mueve con una espátula hasta enfriar un poco; reserva.

2. Corta 2 acetatos del tamaño de un molde para panqué. Coloca un acetato en el fondo del molde, vierte el chocolate derretido formando una capa muy delgada. Cuida que quede parejo y refrigera por 20 minutos, o hasta que el chocolate se solidifique. Repite el paso con el segundo acetato para obtener una segunda lámina de chocolate.

3. Para el helado, usa una batidora de mano por 5 minutos para doblar el tamaño de la crema para batir. Cuando lo consigas, agrega la leche condensada y la vainilla, y mezcla con el batidor de mano hasta integrar por completo. Reserva.

4. Cubre el molde que usaste para hacer las láminas de chocolate con un plástico adherente. Enseguida, vierte encima 2 cucharadas de la mezcla de helado de vainilla. Asegúrate de que el fondo del molde esté bien cubierto con el helado y que la capa quede pareja usando una espátula pequeña. Retira el acetato de una de las láminas de chocolate y coloca encima de la capa de helado. Cubre esta lámina con 2 cucharadas de helado de vainilla, empareja con una espátula y repite el procedimiento hasta llenar el molde de panqué. Congela por 2 horas.

5. Voltea el molde sobre una tabla o un plato rectangular. Quita el plástico y decora cubriendo sólo la parte superior del pastel con el chocolate amargo derretido. Espolvorea con cocoa en polvo y refrigera por 20 minutos más para que el chocolate derretido se solidifique. Disfruta.

PALETA DE VAINILLA CUBIERTA CON CHOCOLATE

⏱ 13 horas
👤 10 porciones
☆ Dificultad media

INGREDIENTES

3 tazas de crema para batir (750 ml)
¾ taza de leche condensada (281 g)
1 cda. de vainilla (15 ml)
4 tazas de chocolate amargo derretido (1 l)
½ taza de almendra picada en trozos (73 g)

PREPARACIÓN

1. Bate la crema hasta que doble su tamaño y se vea muy esponjosa y aireada; agrega la leche condensada poco a poco y la vainilla; mezcla de forma envolvente con una espátula o un miserable.

2. Vierte la mezcla en moldes para paleta y coloca un palito adecuado al molde.

3. Congela por una noche (12 horas).

4. Desmolda las paletas y sumerge con un solo movimiento en el chocolate derretido, hasta cubrirlas por completo.

5. Esparce un poco de almendra picada en algunas de las paletas, antes de que el chocolate se endurezca por completo.

6. Congela 5 minutos más y disfruta.

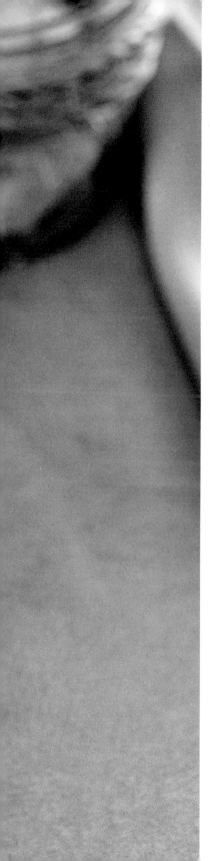

HELADO DE MAPLE CON TOCINO

⏱ 2 h 20 min
👤 6 porciones
☆ Dificultad baja

INGREDIENTES

3 tazas de tocino frito (300 g)
1½ tazas de miel de maple (488 ml)
2 tazas de crema para batir (500 ml)
Para decorar
¼ taza de tocino frito y picado (25 g)

PREPARACIÓN

1. En un bowl mezcla el tocino con la miel de maple.
2. Incopora en la batidora la crema para batir hasta que doble su volumen. Apaga y agrega la mezcla anterior. Integra de forma envolvente. Pasa a un refractario, espolvorea el tocino frito picado y congela hasta solidificar.
3. Con la ayuda de un scoop sirve bolas de helado, baña con miel de maple.

PALETAS DE PICAFRESA

⏱ 3 h
👤 6 porciones
☆ Dificultad media

INGREDIENTES

2 tazas de fresa sin rabo y en cuartos (360 g)
2 tazas de picafresas (400 g)
¼ taza de chamoy líquido (63 ml)
2 cdas. de chile en polvo dulce (12 g)
2 cdas. de azúcar refinada (24 g)
1 taza de agua (250 ml)
Para acompañar
Chamoy líquido
Chile en polvo dulce

PREPARACIÓN

1. Licúa las fresas con las picafresas, el chamoy líquido, el chile en polvo dulce, el azúcar refinada y el agua hasta integrarlos por completo; obtendrás una consistencia espesa. No te preocupes si las picafresas no se desintegran totalmente; por su consistencia de goma, es probable que tengas esferitas dentro del líquido.

2. Vierte la mezcla anterior en vasos para gelatina o en moldes para paletas, coloca un abatelenguas de madera y congela por un mínimo de 3 horas.

3. Desmolda y acompaña con chamoy y chile en polvo dulce.

TABLA DE EQUIVALENCIAS

Ingrediente	Equivalente		Peso		Otra medida
	Cantidad	Unidad	Cantidad	Unidad	
Aceite	1	taza	250	ml	
Avena en hojuela	1	taza	100	g	
Azúcar	1	cucharada	12	g	
Azúcar	1	cucharadita	4	g	
Azúcar	1/4	taza	50	g	
Azúcar	1/3	taza	60	g	
Azúcar	1/2	taza	100	g	
Azúcar	2/3	taza	135	g	
Azúcar	3/4	taza	150	g	
Azúcar	1	taza	200	g	
Azúcar glas	1	taza	140	g	
Azúcar mascabado	1	taza	180	g	
Bicarbonato de sodio	1	cucharada	16	g	
Bicarbonato de sodio	1	cucharadita	4	g	
Cocoa en polvo	1	taza	95	g	
Canela en polvo	1	cucharada	10	g	
Canela en polvo	1	cucharadita	4	g	
Chocolate derretido	1	taza	250	ml	
Chocolate en barra	1	taza	170	g	
Chocolate de mesa (tablilla)	1	tablilla	90	g	
Coco rallado	1	taza	100	g	
Crema ácida	1	taza	225	g	
Crema para batir	1	taza	250	g	
Crema para batir	1	taza	250	ml	
Elote blanco desgranado	1	taza	150	g	
Fécula de maíz	1	cucharadita	2	g	
Fécula de maíz	1	cucharada	4	g	
Fécula de maíz	1	taza	110	g	

TABLA DE EQUIVALENCIAS

Ingrediente	Equivalente		Peso		Otra medida
	Cantidad	Unidad	Cantidad	Unidad	
Galletas Marías (enteras)	1	taza	90	g	
Galletas (molidas)	1	taza	120	g	
Gelatina (en polvo)	1	sobre	120	g	
Grenetina en polvo	1	sobre	7	g	
Harina	1/4	taza	30	g	
Harina	1/3	taza	45	g	
Harina	1/2	taza	60	g	
Harina	2/3	taza	90	g	
Harina	3/4	taza	100	g	
Harina	1	taza	125	g	
Harina	2	tazas	250	g	
Huevo	1	pieza	60	g	
Huevo (clara)	1	pieza	40	g	
Huevo (yema)	1	pieza	20	g	
Jugo de naranja	1	taza	250	ml	
Jugo de limón	1	taza	250	ml	
Leche condensada	1	taza	375	g	1 lata
Leche entera	1	taza	250	ml	
Leche evaporada	1	taza	240	g	
Leche evaporada	1 1/2	taza	360	g	1 lata
Levadura en polvo	1	cucharada	11	g	
Mantequilla	1/4	taza	60	g	
Mantequilla	1/3	taza	75	g	
Mantequilla	1/2	taza	100	g	
Mantequilla	2/3	taza	150	g	
Mantequilla	3/4	taza	180	g	
Mantequilla	1	taza	200	g	
Mantequilla derretida	1	cucharada	15	ml	
Mantequilla derretida	1	taza	250	ml	

TABLA DE EQUIVALENCIAS					
Ingrediente	Equivalente		Peso		Otra medida
	Cantidad	Unidad	Cantidad	Unidad	
Manteca vegetal	1	taza	150	g	
Miel	1	cucharada	15	g	
Miel	1	taza		g	
Nuez (pecana)	1	taza	100	g	
Nuez (pecana/ molida)	1	taza	115	g	
Piloncillo granulado	1	taza	110	g	
Piloncillo cono	1	pieza	200	g	
Polvo para hornear	1	cucharada	13	g	
Polvo para hornear	1	cucharadita	4	g	
Queso crema	1	taza	190	g	
Requesón	1	taza	200	g	
Sal	1	cucharada	20	g	
Sal	1	cucharadita	6	g	
Vainilla	1	cucharada	15	ml	
Yogurt	1	taza	232	g	

TABLA DE CONVERSIONES

Equivalente		Métrico	
Cantidad	Unidad	Cantidad	Unidad
1	cucharada	15	ml
1	cucharadita	5	ml
1	taza	250	ml
1	onza	28	g
1	libra	454	g
1	galón	3.75	L
2	cucharadas	30	ml
1/4	taza	60	ml
1/3	taza	70	ml
1/2	taza	125	ml
2/3	taza	150	ml
3/4	taza	175	ml
1	taza	250	ml
1 1/2	tazas	375	ml
2	tazas	500	ml

Kiwilimón los mejores postres paso a paso
se terminó de imprimir en el mes de octubre de 2022
en los talleres de
Offset Santiago S.A. de C.V.
ubicados en Parque Industrial Exportec, Toluca, Estado de
México, C.P 50200